中国文字与书法

中华文化小史

陈彬和

著

山东城市出版传媒集团·济南出版社

图书在版编目（CIP）数据

中国文字与书法 / 陈彬和著 . —— 济南 : 济南出版
社 , 2019.4（2021.8 重印）
　　（中华文化小史）
　　ISBN 978-7-5488-3667-4

　　Ⅰ . ①中… Ⅱ . ①陈… Ⅲ . ①汉字 – 汉语史②汉字 –
书法史 – 中国 Ⅳ . ① H12 ② J292-09

中国版本图书馆 CIP 数据核字 (2019) 第 067086 号

出 版 人	崔　刚
责任编辑	范玉峰　董傲囡
封面设计	谭　正

出版发行	济南出版社
地　　址	济南市二环南路 1 号
编辑热线	0531-82774606（编辑室）
发行热线	82709072　86131747　86131729
	86131728（发行部）
印　　刷	山东天马旅游印务有限公司
版　　次	2019 年 4 月第 1 版
印　　次	2021 年 8 月第 4 次
成品尺寸	145 mm×210 mm　32 开
印　　张	4.625
字　　数	130 千
定　　价	39.00 元

（济南版图书，如有印装错误，请与出版社联系调换。联系电话：0531-86131736）

目　录

第四编　书法研究

附录一　历代书家小传

第一编　文字源流

第一章　绪　言

　　原夫文字之创造，首先象形，即六书中所谓"象形"是也。盖先民思想单纯，其始也结绳为识，其后乃创造文字，描写事物之形状，为言语、思想之代表。其至今犹有遗迹可寻者，如篆文之⊙、☽、⛰、〰、艸、米、𤌗、𩵋（日、月、山、水、草、木、鱼、鸟），无非象形之文。降及后世，文字之形式几经变迁，如今所通行之楷书体，日、月、山、水、草、木、鱼、鸟之写法，与实物之形状相差已远。至草书之日、月、山、水、草、木、鱼、鸟等字，尤无象形之可言。是今日普通所用之文字，已不能考见古代象形之意义矣。

　　原来象形之字，古时创作者甚少。《说文》九千余字之中，象形文字仅三百有奇。宋郑樵《通志·六书略》采录象形文字六百有八。但其中非纯粹象形，如一、二、三、四、五、六、七、八、九、十、廿、卅、卌、上、中、下、万等字者，亦归入象形之中。其他则皆属诸指事、形声、会意者为多耳。

　　大抵文字之孳乳，每随时代文化之进步而逐渐增加。若欲追溯创造之初，字数究有几何，则其详不可得而闻矣。最可依据者，首推《说文》。《说文》者，后汉许慎所著，乃以小篆为主而作之字典，名曰《说文解字》，实为文字学上最重要之著作，甚为学者所尊重。关于此书之研究，名贤辈出，著作如林。至清代乾嘉诸大师出，更为精密。《说文》所载字数计九千三百有余，沿至南梁，顾野王所编纂之《玉篇》字数骤至二万二千余。其后有《广韵》，其原本为隋陆法言撰，名曰《切韵》，凡五卷；唐孙愐重为刊定，改名《唐韵》，宋大中祥符间重修，始称《广韵》。内容已多数增订，唯分类二百六部尚仍其旧耳。其书盛行于隋、唐、宋三代六七百年间，可称为"标准字典"也。其字数则二万六千余，泊乎明代所编之《洪武正韵》，则增至三万以上；清之《康熙字典》又重有增益，数达四万六千余；近代所编之字书收入之字数，竟至五万以上矣。

字数虽历代有所增加，然其中多偏僻不经见者，亦有数字而同一意义者；其堪供实用之字仅一万左右，若普通所用者，则三四千字而已。

一万乃至五万之字数中，真可称为象形文字者，其数不过六百；且其中更有少数之字，几经变迁，至于今日，已失其固有之象形性质者。故严格论之，不能泛指今日之文字仍为象形，此与欧美字A、B、C等原出于埃及象形文字，至今失其本迹者，盖同一辙也。

第二章　文字之渊源及其发达

　　吾国开化最早，历史甚长；太古之世，荒渺难稽。史书所载，多出后人附会。尧、舜以前，茫昧不可考；但依传说与神话，从人文发达之程序观之，亦可获得关于文明发达之端绪耳。

　　文字之起源亦然。世称伏羲氏因画卦而作龙书，神农氏因嘉禾而作穗书，黄帝见卿云而作云书，祝诵、仓颉观鸟而作古文，少昊氏作鸾凤书，高阳氏作蝌蚪文，高辛氏作仙人书，帝尧得神龟而作龟书，大禹铸九鼎而作钟鼎文，文字因之以起。荒渺无稽之谈，以今日眼光观之，殆难凭信。然其传说之中，亦有可以观察文明发达之程序者。如谓"太昊氏时始有文字"，或云"篆乃黄帝变古文而为之者"。又曰"庖羲氏获景龙而作龙书，炎帝因嘉禾而作穗书，仓颉变古文，依鸟迹作鸟篆，少昊氏作鸾凤书取似古文，高阳氏作蝌蚪书，尧因轩辕龟图作龟书，夏后氏作形似篆，商务光作倒薤篆等"。无确切之证，但若去其不足信之说而取其可凭者，隐约间亦可探得吾国文字之源流也。

　　据史所载，未有书契以前，有所谓"结绳之政"，结绳以为标识，为彼此互通意思之方法。盖所谓"结绳之政"者，亦必拘泥其语，仅限于结绳。大抵表示意思，传达语言；此类单纯方法，异地异时，自难适用。其后文明之程度渐臻，是等单纯之方式不能应用；且同时社会组织亦趋于复杂，更足以促进文字之发明。如所传伏羲氏之书，即《易》之卦爻，诚为草昧时代创作之原始文字。其后仓颉即据之以造书契，此乃时代进步，自然之趋势也。

　　一加一，又加一，合三画而为"小成卦"，更广之而作六画之"大成卦"；此卦爻之制作，见于《周易》之记载，其形式甚为单纯。吾国文化初放曙光之际，此等主观之思想即已存于其间，其后优美之文学，亦即由此起源。吾国一切学问、道德、思想与艺术之发达，胥受其影响甚巨，可谓为文明唯一之渊源也。

《尚书》者，吾国最古之史也，其书始于尧、舜；尧、舜以前之事，概付阙如。《史记》所称三皇五帝之事，如伏羲、神农、黄帝、仓颉等，多由史家搜集而来，殆难征信。虽然，文字之创始，有可考者焉。《易·系辞传》曰："古者庖羲氏之王天下也，仰则观象于天，俯则观法于地，视鸟兽之文，与地之宜，近取诸身，远取诸物，于是始作八卦，以通神明之德，以类万物之情。"是《易》之由来已明。庖羲氏之后，经神农、黄帝而至尧、舜，其间文化渐进之迹，吾人不难推测而知也。然而黄帝之事，《尚书》不载，似不足信，黄帝以上，溯及神农、庖羲，益难稽考。则此等记载，亦不过得之传闻，于隐约之观察文明沿革之状态而已。而编纂史集者，遂拘其文，泥其义，信以为正确之事实，而以之解释太古史，可谓妄甚。读《系辞传》者当三思之。

许慎曰："及神农氏结绳为治而统其事，庶业其繁，饰伪萌生；黄帝之史仓颉，见鸟兽蹄迒之迹，知分理之可相别异也。初造书契；百工以义，万品以察。"据此则结绳之政在庖羲氏之后，而文字制作由于其后仓颉之手。又曰："仓颉之初作书，盖依类象形，故谓之'文'。其后形声相益，即谓之'字'。'字'者，言'孳乳而浸多'也。著于竹帛谓之'书'，'书'者，'如'也。以迄五帝三王之世，改易殊体，封于泰山者七十有二代，靡有同焉。"此又一说也。

黄帝既征蚩尤，吾族由北而南，越黄河而达扬子江流域。尧、舜以前，其文明已有足观。文字之创造，在草昧时代，早已萌芽。盖吾族之兴也，以时则经攸远之年代，以地则跨广阔之封土，以人物则分无限纠纷错杂之区落。吾国古时北方之部落，湮灭者甚多，失记之史迹，及其所创造之原始文字，其形式与种类，或亦不一致；其后经悠久之岁月，始镕铸一切而归于统一。于是始产生发明创造之代表人物，因是有伏羲、神农、黄帝、仓颉、高阳、高辛诸说。此殆犹北欧之神话，中西如出一辙者也。

第一节 字之特征

吾国文字为单纯性质，一字一义，可以分别使用；与欧美文字仅著其音而无意义者不同。表现意义之文字称为表意文字，其无意义表现仅合其音为用者，则称为表音文字，或音符文字、音标文字、写音文字等。吾国字中亦有不取意义，仅表声音者，然极为少数。例如嗳、呀、婆罗门等，则意义毫无，仅听其音；大抵为迻译外国书中无意可表者始用之耳。

吾国文字既以意义为主，则非如表音文字之仅为语言之符号。盖语言者，为有意义之声音也。若无声音，则不能谓为语言，语言而无意义，则亦不能传达思想。传达思想，虽手势可以代表，但无声音则不能称之为语言。吾国文字有形有义，虽非语言之记号，然依此足以传达意思；其特质与泰西表音文字迥异也。

普通字典之中，往往有不明其读音，或其音为后人误传者，亦有同一文字，各地有特殊之读音，其意义亦能了解；此又为泰西文字所不及者。盖表意之文字，只识其意义与点画形状，即不明其读音，亦可使用。所以吾国古代之典籍，虽历时甚久，读音纵有变迁，而其意义仍不因而减少。如《论语》一书，吾国两千余年前之笔记也。编纂以来，依时代、地方之变迁，其字音变异不知凡几；而在今日，国人理解文字者，无一不能理解《论语》。匪特国人为然，即日本、朝鲜、安南之人，若曾受普通教育，略识吾国文字，即使不晓吾国现代之语言，亦能明了《论语》之意义；此可见表意文字效益之伟大。设使当时以表音之文字写之，时至今日，能理解《论语》者，恐不多觏矣。

若夫表音文字，则随言语之变迁，而改异其拼音。否则，不能适合表音文字之趣旨，因此不独时代变迁，方音各殊；即在同一时代，亦因各地方发音之异同，必分别增减其拼音写法。盖不如是，异地之人，不能了解也。

　　原夫文字之效用，在对于不能晤谈之异方人，或异时代之人，设法互通彼此之思想与情感。即文字之创设，亦依此点而生。若表音文字，则对于此二点之目的，不能完全达到，是其缺点也。

　　表音文字在地域狭小，或方言不甚庞杂之国用之，尚觉便利。吾国地大人众，方言各殊；使用表音文字，实为不便。但依一时一地之便利，则表音文字亦可采用，不必完全废弃也。

　　历考文字创造之途径，无论何国，其始皆由绘象。其时几全为象形文字，或写意文字；其后文化程度渐高，事物渐趋复杂，若一一制为象形，或写意文字以代表之，则未免困难，即令制成，在记忆与保存上，亦觉不便。以此之故，乃于繁复之文字中，取其简便者变化用之，此写意文字所以变为表音文字也。既有表音文字，则字数减少，亦堪应用；且字体不须象形，写法亦趋简便，西欧文字之发达，率由于此。日本之假名，亦同此例。无论中外文字进化之历程，其揆一也。至于后代新出之文字，则随各时代之需要，不经过象形、写意之陈迹，而迳造成简短之表音文字者，如蒙古字、满洲字、朝鲜谚文、速记文字以及吾国之注音字母，皆是也。

　　现代使用文字于书写、印刷上之人民，约计十二三亿人，其用中国文者，除国人外，有日本人、朝鲜人、安南人等，约五亿有余。其他使用西文者虽不少于此数，但表音文字，如天、地、男、女、生、杀、贵、贱、一、十、百、万、东、西、南、北等单语之拼法，除通行于同一国语之人外，则不能互通。即以流行最广之英语言之，合英、美及其属地之住民不过一亿六千万人，了解德语之人数约一亿二三千万，通俄语者约一亿，法语则其本国未满四千万，合其属国及外国人之修得法语者，亦仅八千万以上。以此言之，则世界各国文字之传播，殆无有足与吾国文比京者也。

　　吾国文字所以通行甚广者，亦自有故。盖以意义为主，历久无甚变异。凡通晓国文者，即能读三千年以前之古籍，无甚困难。若学西欧文字者，五百年前之典籍，已不能了解。希腊、罗马之旧文书，则久已散佚，即间有一二好古之士，保存收藏，亦仅留为历史上之陈迹；若求如吾国文字之能永久传流，殆不可得也。

第二节 字之构造——六书

文字创造之初，为实物摹写，所谓象形文字也。摹写者，大都为目所及见之实物因其物体而描写之，如绘画焉；或依抽象之理想，作为简单符号。吾国与埃及，文字创造之初，同此情形。其后按时进步，各地特异之性质始显著，分别之点乃有可言。

人类思想日益复杂，记录亦因之繁多。欲作此复杂繁多之记录，非数千言语，不克有济。若此时仍一一用绘画或符号为之，势有所不能，且记忆尤为困难。此埃及文字所以日进简单，化为表音文字。以应复杂记录之用也。吾国文字创造之初虽同埃及，进化情形迥然各别。此时仍维持其绘画或符号之原始文字，唯加以种种组合，以成数千万之单字。其构造方法，颇称巧妙，记忆字形与意义亦不觉困难。此造字法计有六种，世所称为"六书"者，是也。

六书者，六种造字之方法也。法首象形。天下事物繁赜，尤有无形可象者，不能尽也，故继之以指事。理或凭虚，无事可指，又继之以会意、转注。谐声、假借，则又后起者也。

六书，一曰"象形"，物之形为之。如前所举"⊙""☽""⛰""〰"（日、月、山、水）之类是也。由"⊙""☽""⛰""〰"变而为日、月、山、水，其间经历许多变迁，后当详论。二曰"指事"，指事者，各指其事以为之。如人在上则作"⌐"（上），在下则作"⌐"（下），是也。三曰"会意"，会合人之意思也。如止戈为"武"，人言为"信"是也。四曰"转注"，二字互相注释。如老、考之类，"老"即"考"，"考"即"老"也。或以转注为汉刘歆所创。五曰"谐声"，取其声相似也。如江水之声哄然，则以"〰"为形，以"工"表声，而作"江"（音刚）字；河流之声呼呼然，则以"〰"为形，以"可"表声，而作"河"字，是也。六曰"假借"，假借者，一字两用。如"令"为县令，其命令亦为之"令"；长为"长大"之"长"，又为"尊长"之"长"也。有此六法，迭相组合、变化，其用乃无穷矣。

第三节　字之整理

　　夏、商、周三代之中，对于文字学上之贡献，以史籀为最有名。史籀者，周宣王之史官；始变古文，别创新体以趋简便，著《大篆》十五篇。大篆者，对秦之小篆而言。或又因其为史籀所创，称为籀文。

　　秦并天下，以七国文字异形，丞相李斯乃取其与秦文异者罢之，而作《仓颉》篇。中车府令赵高作《爰历》篇，太师令胡毋敬作《博学》篇。皆取史籀之大篆为根据，或稍有省改，即世所谓小篆是也。史籀《大篆》十五篇传至后汉之初，已失六篇。其所余者亦不传于后世。《说文》采录籀文亦仅二百数十字耳。籀文之形比较甲骨文或三体石经中之古文，点画繁多，不便于用，想亦非宣王时常用之文字也。

　　此字画繁冗之籀文，与石鼓文颇有相似之处，故后人谓"石鼓文亦属史籀之笔迹，为周宣王时所刻者"云。至谓"自黄帝时代以后，约千八百年间，文字由仓颉制作以来，至周宣王时史籀始变其文"。以世界文化发达之常理言之，恐未尽合。当必于悠久之岁月中，徐徐推移，进行不断，逐渐改变，史籀特集其成耳。

　　由秦入汉，小篆渐变而为秦隶书，为八分书。至后汉，八分、隶体始确立。隶书一称佐书，便徒隶之用者也。

　　汉许慎从贾逵受古学，以《周礼》《汉律》皆当先学六书，贯通其意。恐巧说邪辞滋后学之疑也，乃博访通人，考之于逵，而作《说文解字》，凡十五卷，得十三万三千余字。自是小篆荟萃成篇，始得集其大成；然小篆之应用，亦自是废止矣。

第三章　古代文字研究之程序

秦、汉以降，记载文字之金石、碑版渐次加多。从此等文字上溯其发达之渊源，非根据《说文》及钟鼎彝器之文字，则末由考证。盖文献散亡，非止一次；秦始皇更逞焚书坑儒之暴政以愚天下之民。故文化荡然，三代之《诗》《书》，大抵归于湮灭。李斯发明小篆，古文、大篆之字渐归淘汰。欲观三代之文物者，非依据钟鼎彝器之文，盖难知其真相也。

汉许慎著《说文解字》，学者据此足以稽考古文。王鸣盛谓："凡训诂当以毛苌、孟喜、京房、郑康成、服虔、何休为宗，文字当以许氏为宗；然必先究文字，后通训诂；故《说文》为天下第一种书。读遍天下书，不读《说文》，犹未读也。但通《说文》，即未读余书，不可谓非通儒。"可知《说文》之价值矣。盖学者上考三代，下及魏、晋、六朝，由隋、唐至于现今，折衷于此者多矣。

要之，由古文而大篆，由大篆而小篆，小篆变而为古隶，古隶变而成八分。古隶、八分盛于两汉，故两汉文字大抵属于隶与分，而其真传多在碑碣。两汉之金石虽不能比于殷、周，然在魏、晋、六朝之先，尚有高古朴雅之趣。八分再变而章草出，其后制作益广，有楷书、有行书、有破草、金石碑版皆传之。故欲究文字之源流者，不可不由此上溯秦、汉，更及殷、周金石之精英，亦文字之渊海，此古代文字研究之程序也。

三代之金石，以及秦、汉以降之碑版文字，残缺之余，尚幸存于今日；虽非完善，要亦至可宝贵。此等文字之创造，在当时非尽出学者之手，故未能悉合轨则，有由锻工、冶师所为者，亦有出自瓦工、砖匠之手者，以是自太古经汉魏、六朝及于近古，凡各种金石、碑版文字，在学术上占重要之位置者，固所在多有，而鱼目混珠之弊亦不能免也。若因其为古代之物，即不详加甄别，概视以为至宝，则未免为有识者所讥。然有志研究文字者，欲探寻其蕴奥，启千古之秘钥，非从此以窥其沿革，其道无由。

如上所述，古代人刻勒绘画、文字于金石之上，其后渐次发达，至于六朝，关于此等之著录最多。梁元帝著《碑英》百二十卷，宋欧阳修著《集古录跋尾》十卷。由是金石学渐成为专门，降及近代，文士莫不侈谈金石矣。

第二编 书体沿革

第一章　书体总说

　　文字出于伏羲及仓颉之说，学者多信之。是文字在尧、舜以前，已渐发达。但其字体如何，为后人所极需研究者。

　　书体之名，有龙书、穗书、云书、古文、鸟迹篆、鸾凤书、蝌蚪文、仙人书、龟书、钟鼎篆、倒薤篆等。或谓"是等文字虽有传留，但多出于后人假托，实难确信"。独是仓颉之制作，据伏羲之八卦及三代金石之文推之，可得其想象，其系统亦最明确也。

　　今分论书体之先，应知许慎之论。许氏有言曰：

　　　　及宣王太史籀著《大篆》十五篇，与古文或异。至孔子书六经，左丘明述《春秋传》，皆以古文，厥意可得而说。其后诸侯力政，不统于王，恶礼乐之害己，而皆去其典籍，分为七国，田畴异亩，车涂异轨，律令异法，衣冠异制，言语异声，文字异形。秦始皇帝初兼天下，丞相李斯乃奏同之，罢其不与秦文合者。斯作《仓颉》篇，中车府令赵高作《爰历》篇，太史令胡毋敬作《博学》篇，皆取史籀大篆，或颇省改，所谓小篆者也。是时秦烧灭经书，涤除旧典，大发隶卒，兴役戍，官狱职务繁。初有隶书，以趣约易，而古文由此绝矣。自尔秦书有八体：一曰"大篆"，二曰"小篆"，三曰"刻符"，四曰"虫书"，五曰"摹印"，六曰"署书"，七曰"殳书"，八曰"隶书"。汉兴有草书。

又曰：

> 及亡新居摄，使大司空甄丰等校文书之部，自以为应制作，颇改定古文。时有六书：一曰"古文"，孔子壁中书也；二曰"奇字"，即古文而异者也；三曰"篆书"，即小篆，秦始皇帝使下杜人程邈所作也；四曰"佐书"，即秦隶书；五曰"缪篆"，所以摹印也；六曰"鸟虫书"，所以书幡信也。

以上二条，为究明文字重要之记录。据此则应先就古文、大篆、小篆及隶，明其沿革推移，更就八分、草书、楷书及行书等后世所制之文字解说之。若荒诞之命名，出于后人假托者，及其对于学术非关重要者，则一概省略。

古文、大篆、小篆之外，有刻符、虫书、摹印、殳书、隶书等名。刻符者，周制六节之一。汉制以竹长六寸，分而相合。虫书者，所以书幡信也。摹印，新莽之缪篆。署书者，凡一切题字皆曰"署"。殳书者，古者文既记笏，武亦书殳；言殳以包凡兵器，汉之刚卯，亦殳书之类也。以上之书，至今日考之，举非至要。古文、大小二篆之外，隶书亦应注意。隶承前古之统，而下开分、楷、行、草之法门故也。

楷、行、草称为"书之三体"。"楷书如立，行书如行，草书如走"之说，为浅近书论所传，固不能尽书体之源委。此外有由四体、九体、十体，多至十八体、五十二体、六十余体，更有及千百体者，巧说害道，识者讥之。

第一节 古 文

所谓古文者，有种种之意义。据许慎《说文》叙，"周太史籀著《大篆》十五篇，与古文或异"之说，则是古文乃大篆以前文字之通称也。其后则古文原字之中混入史籀之大篆，尚通行于周末，亦有少数之字至今尚存，散见于《说文》或钟鼎彝器，以及新近次第发现之各种古代文字，皆足以为重要之研究资料也。据薛、阮二家《钟鼎彝器款识》及其他金文书所载之古文，多属商、周之物，与大篆亦略相似；互相参考，足知文字之沿革矣。

综览传于现代之古文，及太史籀所作之大篆，则古代文字之情形不难推想。自仓颉以来，虽时有变化，大抵史籀以前所用者，可见原形文字之一斑。依其所载，则古文亦可以类推也。

古文有广义、狭义之殊，自其狭义言之，则史籀以前文字之通称也。其后文字研究渐次进步，至晚近著述日多；然尚未集其大成，不无缺憾耳。

古文之形，自周末、汉初乃一变，至汉代则有隶书与八分。历年渐久，前古之书体遂不甚明悉，竟至难以句读，此势所必然也。况秦火之后，文献荡然无存，其后孔壁所出之书更不易读，是亦当然之事。孔壁古文之书既出，其字形与当时之书体大异，人均以为骇怪，不能辨认，仅取形似，故谓之蝌蚪文。今人所谓蝌蚪文者，实即如枓形点画之文字耳。

第二节　大　篆

大篆又有籀文、籀篆、籀书、史书等名。周宣王太史籀作《大篆》十五篇，以其为籀所作，故称籀文。其体格系据古文而作，与古文或同，或异。"篆"者，"传"也；传其物理，施于无穷之意也。今其文散见于《说文》，及后人所搜集之各种钟鼎彝器文字中。周宣王时所作《石鼓文》，尤其最著者也。对于石鼓之议论，殊不一致；但属少有之文字，诚书苑之鸿宝也。其文古朴高华，绍古文之后，而齐整典丽，开小篆之先，以较前古之文字，实有显著之变化也。

或谓"籀文篆书，本属一体"，此未必然。后汉许慎《说文》

序云："秦书有八体：一曰：'大篆'，二曰'小篆'。"据此可知秦代大篆尚通行。周宣王时太史籀变古文作大篆，由是即通行以至于秦。盖籀、篆二名，合言之则"籀"指大篆，"篆"指小篆。分言之则一"篆"字可概括大小篆也。

第三节　小　篆

小篆一名秦篆，秦丞相李斯所作。秦始皇灭六国，统一四海，其时天下渐多事，文书日益繁缛，乃命臣工创新体文字。于是丞相斯作《仓颉》篇，中车府令赵高作《爰历》篇，太史令胡毋敬作《博学》篇，皆就史籀大篆略加省改而成。（一说下杜人程邈，狱吏也。得罪，始皇系之云阳狱；在狱中作篆。）小篆又一名玉筋篆，以笔致遒健得名。

古文变而为大篆，大篆变而为小篆，小篆形体均取省略，而字数则日增，以应时代之要求。秦权、秦斤、秦量等文字，足以考见时代之推移，文字之变化，与改繁为省之历程。此大小二篆之制作，在吾国文化史上，甚关重要，无论史学或字学上，皆有重大之关系也。即专就书法论，如仅观后代之文字，而不追溯文字之渊源，亦不能研究其之极致，徒为书匠而已。

秦始皇东巡，勒石以颂功德。立碑凡六：即峄山、泰山、琅邪、芝罘、碣石及会稽之刻石是也。其存于今者有二：其一为琅邪台刻石，一即泰山之残字也。

琅邪台刻石今所存之拓本，有十三行本、十二行本、十一行本三种，盖依摹拓时代之先后而殊。泰山残篆原石，今尚存泰庙中，游泰山者，可觅得之。

此二种为小篆时代石刻，纯粹秦代之文字也。凡欲研究秦代文字者，必由此种秦碑及五权铭等，方能窥见其面目。

峄山之碑不传于今，上所载者，南唐时徐铉所摹，非秦代之原碑也。《庚子销夏记》云："杜少陵诗已云：'峄山之碑野火焚，枣木传刻肥失真。'在唐时已不见石刻矣。宋人董逌谓：'曾见残缺本，气质浑重，有三代遗象。'原石邪？枣木传刻邪？予有徐常侍摹本，其门人郑文宝于淳化四年刻之长安。精神奕烨，常侍自谓：'得思天人之际。'良非过也。旧称'徐铉善小篆，映日视之，书中心有一缕浓墨，正当其中；至曲折处，亦无偏侧'。其妙如此，惜不见其手迹耳。"

徐铉之摹本，固不能毕肖李斯之文字。然欲知秦代小篆之真面目，自不可不观当时所刻之金石。秦代金石文字之现存者无几，此等摹仿本不可谓非研究小篆文之绝好资料也。

五权铭与秦碑皆为研究小篆者重要之资料。秦权、秦斤、秦量均见于《积古斋钟鼎款识》。近出秦度，其风格亦与之相似。所当注意者，凡古代文字之刻诸石或勒于金者，各有其特殊之格，此属自然之结果。甲骨文字、瓦当文字、木刻文字亦各有其特种之姿致也。

秦权、秦斤、秦量之文，论者多谓为"古隶"。盖秦代文字变化甚速，其国祚又甚短，仅十五年，汉代即勃兴。通观史迹，则秦直可谓姬周及西汉中之过渡期也。其所创之文物，有待于后代之革新。即以文字而论，既已变大篆为小篆，复作隶书。然至汉代始益趋于整齐。故秦权、秦斤、秦量等文字尚带篆势，不过开汉隶之先，此尤足想象程邈等所作秦隶之姿态也。即以五权铭与泰山残石比之，其笔画稍臻方正，多属篆势；较之汉代篆书，犹为近古也。

第四节　隶　书

隶书为秦程邈所作。邈乃县之狱吏，得罪始皇，系于云阳狱中，覃思十年，损益小篆，作隶书三千字，上之始皇；始皇用之，拜为御史。其时政务多端，文书日繁，录事难于专依篆书，乃将古文改易笔画，即斟酌古文、籀文、小篆等之点画，而形成一种简捷之书体。佐书之名，即由之而起。班固曰："隶书者，施于徒隶之谓。"又隶书一称左书，左书即佐书也。

隶书乃由大小篆以及古文变化而出者，故欲知隶法者，不可不知篆法。篆、隶二体，实为书学之渊源。其后八分、楷书皆由此分歧而出。汉代多隶书名家，故世有秦篆、汉隶之称。

秦代之隶书，如秦权、秦斤、秦量等，实由篆书蝉蜕而成。隶书之过渡时期，已如上述。汉代之"五凤石刻"为隶书之最古者，开八分之姿态，尚存有大小二篆之意度。

普通称为隶书者，有秦隶，有汉隶，而汉隶之中，又有古隶、八分之别；因而隶书名称所概括之范围，有广狭之不同。自其广义言，则八分可混入；然由文字之沿革上论之，则隶书与八分有异，当然亦有区别。更详论之，则秦隶与汉隶（八分未成立以前之汉隶）亦应有别，其中系统，承学之士所宜详究者也。

古隶即八分以前之隶书，其代表之作，则为秦权、秦斤、秦量及汉五凤二年（前56）刻石，汉孝成庙鼎，天凤三年（16）《莱子侯刻石》等，于此可见八分以前古隶之面目。

古隶之风格带篆势而有古意，较后汉所行之八分书为古朴。此八分之少波磔，是其特征之一。此书体即为八分之渊源，渐开妍美之风，遂至成古体与八分之二系也。孔文父钟（建安三年）、好畤鼎、孝成鼎、日利千金鼎、大官壶等，兼有小篆、古隶之趣，陶陵鼎、承安宫鼎、铜鼎、菑川太子炉、杜陵壶等，由秦权、秦量等脱化而在古隶之域矣。又如阳泉使者舍熏，则自成一格，横长有波磔。其他如大吉壶、延光壶、更甲壶、严氏壶、阳嘉洗、大吉昌洗、长宜子孙洗、宜侯洗、章和洗、中平洗、初平洗、永建洗，富昌洗、富贵昌洗、宜子孙洗、大吉羊洗、董昌洗、平阳侯洗、汉安鱼鹭洗、双鱼富贵昌洗、吉羊洗、双鱼永建洗、汉注水匜、建昭雁足镫、龙虎鹿庐羊镫、永元雁足镫、林华观行镫、耿氏镫、汉尚浴府金行烛镫、汉固阳侯瓾、汉元延销（小盆）等，或出秦篆，或入八分，或开章草，或导楷法，极多变化，由此足见两汉时代书体变化之痕迹也。

永建洗及富贵洗文字，《积古斋钟鼎彝器款识》编入后汉时代，虽兼篆、隶二意，然其方正与秦代及汉初之文字无异，可见八分或楷书之启源也。在书学上，秦、汉金石甚居贵重之地位，原石之存于现代者，以汉碑为最多。汉碑中"朱君长"三字，与"天凤石刻"，足见古隶之面目也。

古代文字保存至今者，或刻之兽骨，或铸于金石；此外玉、石、瓦当之类，不一而足。其文字之风格，因时代而异，自不待言。即同一时代中所刻者，其姿势亦不相等，因地域之不同，而其文字之形貌、神韵，生多少之差异。大抵后世文字之风格姿致，其渊源无所自，故不能究其所由来。如流传于社会之俗体文字，不问而知出于后人之手也。

第五节 八 分

古文变而为大篆，大篆变而为小篆，小篆变而为隶书，隶书变而为八分，八分变而为章草，若楷、行、草书，则后世所创而通行于现代者也。严格论之，隶书与八分原不相同，此亦如大篆与小篆之差。盖八分者，由古隶而渐生波磔，归于齐整，成为姿致遒美之字。后世对于八分之名，颇多异义，或谓"因其书体之格势有如'八'字，点画分背为文，故谓之'八分'"。其说略为有据。按《说文》："'八'者，'别'也"，象分别相背之形，左右 丿 乀 ，互有相背之意。又按《说文》："'公'者，平分也；从'八''厶''八'犹'背'也。"段玉裁曰："八厶，背私也。"韩非子曰："背厶为公。"是"八"字有分背之意明矣。其原始创作之人，有疑为始皇时之王次仲；因其产生之时，在隶书后，章草前也。

在汉代隶法之中，已有足认为八分、章草、楷书之启源者。八分、章草、楷书之类，固非一朝所能创作，且自草书及楷书之意义观之，亦有疑点。盖篆书中有楷篆，亦有草篆；隶有楷隶，亦有草隶。故八分、章草，以及楷书产生时代之先后，极难定论。虽然，就传于今日之章草考之，则古隶变为八分，八分变为章草，殆无疑义也。再就今日所流传之八分及章草书，互相对照，其笔法波磔之势，略相似。

天凤三年《莱子侯刻石》文字，乃古隶极精之品，近代书家虽间有疵议，然断非后人所能伪造。若与天凤三年刻石，及"朱君长"三字并观，方能见古隶之面目。及渐开八分变化之痕迹。试更取《礼器碑》及《西岳华山庙碑》，以及其他汉代诸石刻文字比较之，则古隶与八分之殊异，不难辨析也。

八分书中代表之作，如上所述之《礼器碑》与《西岳华山庙碑》等，皆学书家所视为瑰宝，殆无人而不知其为神品也。就文字而论，殷、周而后，以至汉唐之际，凡刻勒于金石上之碑版文字，在字学上占重要之位置，足以为时代之代表，而书法又足资后人取法也。

汉《朱博碑》《天凤石刻》《嵩岳太室石阙》《北海相景君碑》《杨君石门颂》《巴郡太守樊敏碑》等，或谓应归于古隶统系之下者，然就其波磔之势而论，则又似应属于八分书，盖适当文字沿革上之过渡时期，故其书体，有先后错出之象也。

此外尚有一说，谓"八分皆属毛弘之法"者。八分之名称，《同文通考》所论，甚为简约。兹录如下。《书苑》云："李阳冰谓'秦始皇时上谷王次仲制八分之书'。"郭仲书亦曰："小篆散而八分生，八分亡而隶书出。"然则，其体盖创于李斯小篆之后，程邈隶书之前，即始于秦代也。然观《水经注》所载，则秦王次仲所作者乃隶书，非八分书，其体盖起于前汉之末。又八分之名，或有取八分之篆，二分之隶而言。或又以其在八体之后，故名八分。其说纷纭，莫衷一是。又《佩觿集》谓，"势如'八'字，有偃波之文，故名"。

第六节　章　草

后于八分隶者非楷书，乃章草也。古人书论或谓"因其出于汉章帝时，故曰'章草'"，此说之谬误，前人已有辨正之者。盖此乃谓"用之于章程文书之上者"，故名章草，即由八分隶更简约其点画以便于书写之体也。试观章草中所有波磔之势，八分隶之痕迹尚显然存留。

关于各种书体起源之说，议论纷纷，末由折衷。《事物纪原》云："蔡邕作章草，刘德昇作草书。"王右军曰："其先出于杜氏名伯度者。"赵壹谓："兴于秦末。"或曰："汉时杜伯度所作，因章帝好之，故名章草。"韦诞谓之"草圣"，汉兴而有之，不知谁所作。《书断》则谓为"如淳所作，起草为稿，草书盖起于此"。又云"汉兴而有章草书，不知作者姓名，章帝时杜伯度、崔瑗、崔实皆工。杜操字伯度善草书，章帝爱之，命上表亦作草字，谓之'章草'"。又《同文通考》谓"草书始兴于秦诸侯争长之日"。或谓"起于汉初，此书出于隶书之体，或又以为起于汉代"或谓"章草乃后汉杜操所作，或以此为草稿之书体，以其通用于奏章，故有此名。或以此体初名草书，自张伯英有今之草体出，分而称之为'章草'也"。但就文字变迁之迹观之，上说之是非自明。

所谓草者，有草创之义。草书之名，出于草稿之意，已有定论。《书传》《四体书势》（卫恒）、《草书势》（崔瑗）等皆足参考。"章草出于急就章"，前人亦有言之者。古代记录章程文书，急卒之际，所用之文字，未必悉工，不难想象。则隶书与八分以及章草之关系，可以知矣。

要之，西汉乃古隶时代，东汉乃八分时代，章草之笔意，近于有波磔之八分。且各字独立，与后世草书之连绵接续者不同。于此可见八分与章草有密接之关系也。史孝山所书《出师颂》，为此体之最整齐者，足为书家取法。其外如后汉张芝《芝白帖》、吴皇象《文武帖》、晋索靖《月仪帖》等，观之可知章草之大体。今所传者不多，但注意是等少数之章草，观其气格浑厚，与后世草书不同，可想象章草创制时，皆具有浑朴之趣也。或谓"后汉张芝、张昶兄弟亦善章草，时有令名，皇象、索靖、崔瑗、萧子云辈则其亚也。又卫瓘采芝法兼行书，谓之'稿草'，羲之献之书，谓之'今草'，结构微妙，谓之'小草'，复有所谓'游丝之草'，蔡君谟以散笔作草，谓之'散草'，亦曰'飞草'"。后世渐生变化，草书遂有种种名称。大抵皆有渊源，寻绎其脉络系统，则知章草在楷书（今人所称之楷书）之先，已占高位置矣。

第七节　楷　书

今隶亦称"楷书"。"楷"者，法也，式也，模也。草书之名出于草率、草稿。楷则反是。篆隶俱有草体，其工整者当然可目为楷。虽然，今所言之楷书，则属现今通常之体，例如虞世南之《孔子庙堂碑》、欧阳询之《皇甫君碑》等是也。

书断云："八分本亦称为楷书。"然今人之所谓楷书，则笔画端方，波磔势少，与八分不同也。按楷书由古隶之方正，八分之遒美，章草之简捷等脱化而来。唐颜真卿、柳公权出，乃截然与古文异其姿致，此所以成有唐一代楷书之风格也。

《晋书·卫恒传》云："上谷王次仲始作楷书。"刘向《列仙传》则谓"上谷王次仲作八分书"。主张不同，即就八分、楷书而言，亦有异论。赵明诚《金石录》称隶书为今之楷书或真书。关于王次仲之历史，亦不一其说。或谓"汉灵帝时之王次仲与秦代上谷太守王次仲不同"。一说"王次仲为章帝时人"。

通常则认为后汉时王次仲以楷法作隶，一称"楷隶"而后人则称为正书。以文字之变化推之，古隶、八分、章草通行之后，更入于整齐端方之时代，改其间架，变其结构，而生出之正书一体，此自然之趋势也。今观唐代端方楷书发生以前，溯魏、晋、六朝以至汉末，数百年间之文字，有与八分、楷书笔意相错杂者，如魏之钟繇《贺克捷表》，其法度可称为正书之祖也。

晋、魏以降，以书成名者渐多，制作益臻宏博；故当汉末，六朝之际，在书学上别成为一时代。今就此时代之楷法，判其变化之迹，则汉末为创造期，魏、晋为继承期，可得分别而观也。在此期间之内，南北朝各有显著之系统与特征，不容忽略视之。然在楷书之沿革上论之，汉末实为其创制期，魏、晋、六朝乃极其盛，隋、唐始集大成。欧、虞、褚、李、颜、柳皆一时之大宗也。

第八节 行 书

张怀瓘书断云："行书者，乃后汉颍川刘德昇所造，即正书之变体，务从简易，相间流行，故称之'行书'。刘德昇即行书之祖也。"又曰："夫行书者，非草，非真，离方，进圆，在乎季孟，兼行草者谓之真行，兼草者谓之行草。"然所以名行书者，乃于正则书体而外，更有通行书体之意，其说较为适当。

据普通之理想，谓"行书出于楷书"。或谓"八分趋于简捷而成章草，于是遂疑行书亦为趋于简捷之楷书也"。然行书非必专依楷书变化而来，且行书中亦存有隶书、八分、章草等笔意。大凡一书体之开创，须经过许多时日，历几多推移，始得完成；决非一时代一个人新创一种书法，遂能遽使天下之文化发生变化也。

行书出于后汉，魏初胡昭、钟繇并师其法，胡肥、钟瘦，各得刘之一体。然千古名迹，今已不能见其真迹，仅寻其系，绎其统，乃可想见其面目耳。

魏碑发挥古隶、八分、楷书之特长，而成为一体。此时代通行之书体，已开今行书之源，殆无容疑。

第九节　草　书

　　草书一称破草，由篆、隶、八分、章草，因袭许多古文之变化而成。但其大部分乃章草或行书之趋于简捷者。其有连绵之势者，谓之"连绵草"。奔放自在者则谓之"破体"。对章草而言，亦有今草之名。世称张怀瓘变后汉张伯英、崔瑗父子之章草而作今草。

第三编 书法述评

第一章　书法总评

汉人碑刻，书者多不署名，名迹虽多，莫能定其谁属，唯觉各极其妙，各极其趣而已。

隋代以前石刻有人名可考者，南朝以《瘗鹤铭》之陶贞白为第一，《萧憺碑》之贝义渊次之；北朝以云峰山诸刻之郑道昭为第一，《华岳庙碑》之赵文渊次之；久有定评。此外，《嵩高灵庙碑》之寇谦之，《孙秋生造像》之萧显庆，《始平公造像》之朱义章，《石门铭》之王远，《吊比干文》之崔浩，《李仲璇修孔子庙碑》之王长儒，《太公吕望碑》之穆子容，《报德像碑》之释仙均有名，尤以陶、郑为足称。长洲叶昌炽云："郑道昭，书中之圣也；陶贞白，书中之仙也。"又云："郑道昭云峰山上下碑，及《论经诗》诸刻，上承分、篆，化北方之乔野，如筚路蓝缕，进于文明。其笔力之健，可以剸犀兕，搏龙蛇，而游刃于虚，全以神运。唐初欧、虞、褚、薛诸家皆在笼罩之内，不独北朝书第一，自有真书以来一人而已！"诚哉是言。

王羲之书名千古，宜无可论，实则碑刻无传。《兰亭集序》聚讼纷纷，阁帖枣木所刻，辗转翻制，面目已非；时至今日，亦有异议矣。

唐初欧、虞诸家，工力悉敌，各擅胜场。王知敬《卫景武公碑》亦足追踪。其后有李邕、颜真卿、徐浩、柳公权均属大家，为世脍炙。

吾国学术，至唐皆臻发达，书法亦然。有唐一代之书，蔚为大观，其势力至近代北碑代兴，始渐减退。

穷则变，变则通，一定不易之理也。书至唐而极盛，赵宋难乎为继，其道穷矣。苏、黄、米、蔡诸家，遂不得不另出手眼，宋诗之于唐诗，同此一例，盖时为之也。兹数人者，承唐之后，各树一帜，皆称大家。

综观书法递演之史，南北朝最称复杂，亦最多变化，犹子学之于战国也。李唐天下承平，书亦有雍容气度，宋、元、明三朝各极其变，各有其妙。清代学术挹前古之余波，而各有其一体，书法亦如之。学者于此可以观世变矣。

第一节　三代人书法

古代文字为吾人所发见者，以甲骨文为最古。清光绪二十六年（1900）在河南汤阴县附近之小屯村地中掘出兽骨、龟甲，刻有文字，大者尺余，小者数分；计有数万片之多。小者刻一二字，大者数百字。此吾人考古之最好资料也。

甲骨文为远古遗物，曾经多数学者考证，毫无疑义。但文字之辨识，及此种奇怪刻物之用途，则一时不能判断。甲骨文掘出后，即为学者所注目；无论原物或拓本，俱视如拱璧。当时有王懿荣者，自谓能读其文，断定为殷朝卜筮所用之刻辞，曾得学界所承认。迩来吾国及日本学者仍在继续研究中也。

甲骨文掘出后，考古学家刘鹗、罗振玉二家收藏最多；约四千片，曾出有拓本，公布于世。其归于吾国及日本、欧美之学者、学校、博物馆、好古家及豪贵之手者为数亦不少。总其数量，不下数万片之多，现在古玩店中尚时有发见。

于甲骨文发见之时，有欧洲及日本人士旅行甘肃之敦煌等处，复发见记于木简、纸、帛上之文字。据学者之考证，断为汉代军人传递之书札。虽非刻凿而成，然为当时之真迹，则毫无疑义。

秦以前之文字，除金文外，则无多发见。所谓金文者，乃刻凿或铸造于金属器具上之文字也。金属器具之品有钟、鼎、樽、卣、壶、爵、觚、觥、敦、甗、彝、匜、罕、盘、戈、戟、斧、剑等礼器或武器。其文字凹入器面者，称为"款"，凸者称为"识"；以其附于金属器具之上，故谓之"金文"；或加"钟鼎"二字，称为"钟鼎文"或"钟鼎款识"。

货币上之文字，亦为古代金文之一种。上古之货币多用贝，故现代通行之字如财、贡、贫、贪、贩、贮、赀、资、贵、买（買）、卖（賣）、费、赁、贷、贿、赂、赌、贼、赐、赠、赃等字，凡与财产有关系者多从"贝"。其后冶金术进步，乃改用金、银，以济贝货之不足，而为交易之媒介。古货币之存于今者，有刀形、铲形、圆形等状。有具备文字者，亦有无文字者，其名称亦有金、货、币、泉、布、刀、钱等变迁。但货币文字究属少数，于文字学上尚不见重。所谓泉布文者，乃细而瘦之篆体，士子多喜摹之印章上也。

此外周代及以前之文字，存于今日者尚有录（印章）文。唯钟鼎之类，后世颇多伪造，如是印玺小件，伪造更为容易。其真伪鉴定，颇为困难。

周代石刻之文字，有夏禹之《岣嵝碑》《坛山刻石》《比干墓题字》《延陵吴季子墓碑》等，然皆难于征信，又如《石鼓文》，乃古代石刻文中之最重要者，然议论纷纭，莫衷一是。或谓"其制作时代，当在周初"；或谓"不过六朝之物"，据本书所论，则定为秦代之物，大抵在秦统一以前，周末时作也。

此时代之文字，以钟鼎文为主要，祭器、礼器为人所尊重，凡遇国家有大事须存纪念者，则铸为钟鼎，刊文其上，以冀传之百世，流播无穷，其撰文书写之人，率皆一时名手，故弥足珍贵。然每值朝代鼎革之际，战乱频仍，古物重器保存甚难。其幸逃兵火之厄者，唯少数埋藏隐匿之品物，或随宫廷灰烬之余以沦没于地中者；迨至数千百年后，始再发掘出之。清朝发见尤多。因清代之君主雅好收藏古代文献，故当时臣民尽成风尚。且海内承平，优游逸豫，得以闲暇之时日，以从事于考古之学；故对于新发见之古器物，无不注意保存也。

外人尝谓"中国古文字之图书馆在地下"。盖吾国北方雨量甚少，空气干燥，地面覆以黄土，虽偶降雨雪，地下埋藏之物不易润湿；即木片纸帛之类，亦难腐化。所以经两三千年以上之发掘物，有如钟、鼎等，其器面所刻写之文字，犹能不失原形，令人易于辨认也。

第二节　秦人书法

秦始皇统一天下之后，更进而整理文字，后世称之为小篆者是也。其字体为《说文》之主文者，有九千余字。秦人之笔迹现存于今者，有如下列：

泰山刻石

秦始皇二十八年（前219）登泰山，立石刻文，以纪功德。后十年，二世皇帝亦登泰山，重有刻文。唯始皇所刻旋遭毁灭，二世之刻文，明朝拓本仅存二十九字，原石至清代亦毁于火，其残石则保存于山麓岱庙中，仅存十字。

琅邪台刻石

秦始皇二十八年更历东海沿岸，至琅邪台，亦立石刻文。其后二世复续刻之，如泰山之例。始皇刻文仅存其末数行，二世所刻者，清中叶尚存全部，惜今亦遭毁灭。其文字与泰山刻石同为小篆之模范也。

峄山刻石、会稽刻石、碣石刻石、芝罘刻石等

与上二刻石有同样之历史。碣石刻石早已不传。芝罘刻石则仅留翻刻十数字，真伪莫明。峄山、会稽二刻石字画虽明了，实为南唐徐铉所仿造，是否与原刻相符，不可得而知也。

始皇及二世刻石之小篆，世传皆为李斯所书。然《史记》未言及之，真伪莫能明也。泰山、琅邪、峄山三碑皆同年所刻，然以今拓本观之，泰山、琅邪二石略同，峄山之书法则稍异，与唐、宋时代之小篆相似。会稽与峄山殆属同笔。

此外秦之书体真迹传世者，尚有瓦当及权量铭，此种刻字，有始皇之诏，有追刻二世皇帝之诏。何人所书，则不能明了。或谓"亦出李斯手笔"，然考证未确，尚难判定。此种刻文，颇多发见；但伪物甚多，是在识者分别取舍而已。

秦权量之刻字，大别之为二：（一）谨严之小篆体；（二）草率之隶书体。除此两种而外，或亦间有介乎此二体之间者，殆草体也。据吾人理想之推测，秦代所通行之文字，即为小篆，则其所刊布之权量铭文必一律采用。然权量者，天下公用之器也。当时既未能划一法制，统归中央政府发行，各地方机关可以随时、随地制造，故其文字之体格，刻工之精粗，亦未能整齐一律。有时或因需要甚急，迫不及待，势不能遵守谨严之小篆文，或依刻工之手，随意为之而已。故权量于书法变迁之研究上，亦成为一种贵重之资料也。

隶书者，亦秦代所创也。或谓"秦行苛法，狱事繁多，始发明此种简易之书法，以便徒隶之用。故名隶书"。一说"程邈在狱中，费十年之思想，发明此种适于速写之隶书三千字；上之始皇，被采用焉。此非正体文字，故称隶书"。或说"王次仲有颖才，未弱冠能变仓颉之书为隶书；始皇时，官务繁多，小篆不便于速写，故喜王次仲之新书简便适用，遣使召之，不应；始皇大怒，捕之，押槛车中，化大鸟飞去，二翮落西山，其处今有大翮山、小翮山"云。此说未免近于神话。

小篆（古文、籀文亦在内）为曲线圆写之书体，隶书则为直线多角之书体也。在造字之初，象形、指事务欲表象其事物，取圆形之笔法，较易描摹；其后为便于书写起见，乃不得不省约其笔法，减少其曲折之处，此为当然之过程也。即以殷墟甲骨文论，亦间有率易常体之书法，包含后世篆、隶二体，其转折处，尤近隶书；又钟鼎文中亦有纯隶书体者，如齐公棺有隶书为志，是其例也。

三代之印玺亦有隶书笔意。货币之文字，如"即墨刀"等亦用隶书体之直线点画。盖坚硬之物，刻字其上，使用曲线不如直线之易，即各种雕凿亦然。所以其后隶书有继起之必要也。（以上所谓隶书，非指后汉所出之八分隶。）

隶书为多用直线之书体。文字发达之后，为便利起见，早应改革。唯因美观之故，仍多使用曲线之篆体，不能直用隶书。篆、隶两体混用之书，古时当有之，不过未传于后世。必谓"隶书为秦始皇时发明之一种简易书法"，则汉儒附会之说耳。

《石鼓文》为历代书家所推为古篆之极致。掘获于陈仓（今陕西省宝鸡县）之草莽中，自唐以来，为考古家所珍重，与始皇各种刻石同为篆书之模范，原石今保存于北京。

石鼓在当时究作何用，殊难确定。原石高约三尺，直径约二尺许；作鼓形，计共十枚。字刻于四周，全文七百余字。传至唐代，字多漶漫，不能窥其全文之意义。宋代拓本尚存四百六七十字，至今则仅存二百数十字。

石鼓之书体乃史籀大篆，比小篆字画更繁，书法遒劲而有韵致。石鼓文之内容，据多数学者之研究，谓"记载某王狩猎于岐山山麓之事"。其时代则众说纷纷，未归一致。或谓"字为籀文，乃史籀之笔，是宣王时物"。或谓"周代王侯狩猎纪事之用"。关于此种考证，著有种种专书。以字体考之，则大致与秦篆相似，若谓"为始皇整理文字以前之物"较可信也。瓦端圆形之部，谓之"瓦当"。其上志有花纹，或凸起之文字。大抵吉祥颂祷之词，或宫殿之名。秦代宫殿之瓦当，至今尚多发见，其文多为小篆体，亦有用隶书者。汉代之物则传留更多，而伪造者亦不少。此外古砖亦多刻有文字，足为文字学上考古之资料。此类专书，亦多编纂行世也。

第三节　两汉人书法

前汉文字之存于今者，除瓦当及录印之外，其他之遗物颇少。宋欧阳修搜集金石文，著《集古录》，亦未载有前汉文字。经元、明以至清代，西汉之金石文始次第发见。最近敦煌掘得木简，西汉文字之真相始豁然大明也。

西纪千九百年以来，欧洲人及日本旅行吾国之西部，常发见古代之笔写真迹。其最初发掘，则于甘肃省之敦煌县，得木简漆书，盖汉武帝时物也。考其书体，实受秦隶之影响而稍变其体格。汉代文字变迁之迹象，于是可寻矣。其特异之点有五：

（一）由始皇"权量铭"之方形秦隶，变为素朴之汉隶（一名八分书）。

（二）笔法简捷，点画亦多省略。

（三）后之草书，及楷书之形态，已见萌芽。

（四）使用毛笔之迹已明，而其用笔运笔之法亦能看出，利用毛笔之弹力，渐次精巧。

（五）其笔法与后世书家所说篆、隶、行、楷，无特殊之差别，盖由各种书体混合而成者也。

敦煌县南有鸣沙山，其山麓三界寺之傍即莫高窟，有石室千余，四壁皆佛像，世称千佛洞。西纪千九百年寺中道士于扫除之际，偶破其壁，探其内部得一藏书室，自汉至五代之书籍、碑版及手钞之书，贮藏极多。英人斯坦因闻之，前往收买，运回英国，藏于伦敦博物馆。法人重行搜集，运回其国，以供学子之参考。其后为北京政府所闻，严加取缔，并收集其残余者保存之。自此以后，各国人对于多处发掘事业，皆有企图。发掘事业，皆有企图。近来美国人士，更藉口研究学术之美名，以从事掠夺吾国固有之古物。从此蛮荒僻陋之西域，为各国考古学家探险之竞争场矣。

汉代之金石文，于文字变迁论证上，尚非十分重要，姑从省略。砖瓦文字变化多饶趣味，发见颇多，不再赘述。

汉代之石刻高华典贵，今所知者，以前汉五凤二年刻石为最古，乃一尺许之方形石也，文仅十三字。其次则为有名之天凤三年《莱子侯刻石》，高一尺七寸，宽二尺四五寸，全文十五字。此两石文字略似后之八分隶，但无波磔，可称汉隶之古标本。前汉之隶书，高古浑穆，以无波磔见称。

秦以来之隶书，多用方笔，至前汉末稍成斜方，至后汉更甚，同时用笔，点画亦渐趋巧妙。盖前汉隶书之点画，有如儿童之用笔，其后渐次进步，执笔正直，起笔、止笔、波磔等，亦能逆笔突进，或捩，或押，或浮，种种巧技，故用笔之变化，至后汉进步殆达极顶。后世用笔，点画之变化可谓包罗净尽矣。

书法之巧妙，与其所用之工具，至有关系。所谓书法工具者，即笔、墨、纸等是也。

（一）笔。同一纸、墨所书而字形有硬、柔、大、小、长、短等之不同，即因所用之笔不同所致。

（二）墨液。同一纸笔，而写出点画有异者，即关乎墨液。

（三）纸等。书于纸、布、帛，或木简、竹简上，其点画不同，用毛笔所书与用刀锥刻凿之点画亦不同，更不待言。同一毛笔所书而所用之纸物不同，则笔迹亦不能一律也。

纸、墨、笔起源于何时，此殊难断定。然就其他文化发达之历程言之，则毛笔之发明，当在秦以前，其构造之精良，至汉始臻。纸之使用亦至汉始盛。至于墨则近代始发明，否则古时可不必用漆书也。布、帛及木简古时与纸同用。三者尤以笔为重要，笔至后汉时，其使用已与今日无大差异，汉人用毛笔所书之点画变化，已极其巧妙。观敦煌木简之真迹，便可证明之矣。

汉代最发达之书体，为有波拨之八分隶及章草。楷书亦汉代始萌芽，唯当时所谓“楷书”尚未脱隶书之痕迹，其完成今日整齐之形态者，当在六朝时耳。章草之遗迹，观敦煌木简，可见一斑。章草因连写之故，点画省略，方形成为圆形，而画之终点，往往拨出似八分隶；此章草之特色也。至于碑、碣之类，则为慎重起见，未见有此草率之书体。盖所谓章草者，章、疏、尺牍所用之日常书体也。其尺牍之真迹，亦间有流传于后世者。刻于木、石之法帖，几经传写，往往杂有后人之笔意，已失古人之真趣矣。

后汉章帝擅长书法，晋代钟繇妙擅章草，二氏笔迹亦有遗传。其书脱胎于八分，而波磔之风格殆与后世草书无异。然以之与敦煌石室之木简相对照，则知后世法帖中所刻者，或已失其原形，亦间有为后人仿效者。

书法至后汉时，有突然之进步，盖文房中所用之工具，均已次第完备。除供记录、通信等实用目的之外，在美术方面亦有价值。

若用刀、锥刻于木、竹者，则无点线之变化，亦乏墨色之光采；构成美的条件既不多，必不能如真迹之引人兴味。如用毛笔书于纸、帛之上，笔法之肥瘦、迟速、浓淡、枯润、方圆、转折等复杂之意，可一一呈露，奕奕有神，而美丑巧拙之差等亦较著。此可为鉴赏之对象，与雕刻者大不相同也。

书法之巧拙，在古时原不甚注重，故刻石上亦不题书者姓名。题名之风，始自后汉。盖古时文房之器具不全，无人肯费多量之时间与精力以练习此道也。至汉时纸、笔、墨等工具次第发明，书之巧拙易见，且能书之士渐为世人所尊重。名之所在，众争趋之。如所谓池水悉墨，精思书学三十年之钟繇，秃笔满五笼之智永等名家次第辈出，于是书法遂成为士人之重要科目，专门艺术矣。唐代继起，尤重楷法，且定为登庸考试之科目，无数青年之前途，系于书法之工拙，此种风气开自汉代，至唐始极盛也。汉代石刻中，其书法为后世所珍重者，为《石门颂》《乙瑛碑》《礼器碑》《西岳华山庙碑》《张寿残碑》《孔宙碑》《史晨前后碑》《郭有道碑》《夏承碑》《李翕西狭颂》《郙阁颂》《石经碑》《韩仁铭》《曹全碑》《张迁碑》等，竞秀争妍，各极其趣。

汉代立碑之风极盛，故后汉二百年间，碑、碣甚多。至于今日，已历两千余年之久，尚有完善之拓本百余种传世。其漶漫毁灭者，尤不可胜纪。而碑、碣以外之文字，留存者亦不少。此种碑、碣，率为工整之隶书，当时普通应用文字究作若何之形态，反无从考查。徒令后世研究文字学者，生各种之臆断，直至敦煌石室之古物发现，各种臆说乃一扫而空也。

自近世机械发明，交通便利，各地之碑、碣容易收集；且印刷之术进步，即从前万金所不易获得之原拓本，亦可制版影印，不差累黍。所以书学研究，极为便利。昔宋代朱子自谓"青年时仅集得十数种之碑拓，便视同至宝"。明之学者欲得孔庙汉碑，求之多年而不获。此等皆当时存在之碑，其新拓本尚且收集困难，其他可想。至今孔庙汉碑原拓十五种，价不过十元；宋拓影印者，亦只五元以下，视苏东坡当时仅得《汉书》之誉本一部，便同贫儿暴富，不胜其喜者，则今日之读书之便利，实远胜昔时矣。

第四节　三国人书法

魏继汉祚，仅四十余年。文字无甚显著之变迁，仅承汉代之余波而已。

黄初元年（220）魏公、卿、将军为其主曹丕上皇帝尊号立碑，同年更立《受禅表》。二碑皆巍然巨石，匪特其书法为世所重，且与历史至有关系。二碑相传为钟繇梁鹄所书，字形正方，此沿后汉而略变者也。此外魏碑著名者，有黄初三年立《曲阜孔子庙碑》及《庐江太守范式碑》，二碑字作方形，书人不明。以上四碑，今皆存在。犹有一碑，足以窥见魏隶之真相者，则《王基断碑》是也。此石埋土中数百年，碑之上方为刻字，下部则朱书未曾刻者，或正在刻石之中，忽遭地震而被埋没欤？此碑仅能见及已刻之字，用笔明了，与后汉《西岳华山庙碑》《熹平石经》等同一统系，亦与前记四碑书法酷似。

魏《三体石经》亦有名，汉《石经》（熹平年间）仅八分隶一体，而魏"石经，则同一字有古文（小篆以前之篆书）、小篆、隶三体，可资对照"。三千余年以前之古文悉备于此，为探求文字变迁之最好资料。其小篆比较秦刻石、秦权量铭有异，当是时代推移之故，渐有变迁也。隶书则为当时之普通体，与前述诸碑一致。

魏景元年间之李苞通阁道题名，乃摩崖（刻于天然岩面之上）也。此书体格不作纯粹隶书。盖当时常用之体，与敦煌石室中所掘出之文字大略相近，间有楷书笔法，隶书之波磔，则已无矣。

魏石刻文字，以右所举者为主要，法帖则以钟繇之书为显著。繇书为楷书之最古者，久为后人所尊崇。亦间有章草，但颇多疑义。使繇即擅章草，现在之翻刻本，殊不能信其为真。清嘉庆以后，北派盛行（书学之南北派，后有述明），皆以为魏时不能有如此楷书。然近三四十年之研究，则一概承认之，而信为钟繇之楷书也。（参照后段吴之《谷朗碑》《葛府君碑》。）

吴雄据江东，传及孙皓，喜天下承平，祥瑞频出，因立《天发神谶碑》。其书体险怪，为后世学者惊异。书人为皇象，当时名书家也。其来源为汉之《三公山碑》，而加一种奇异用笔耳。此碑今已不存。

与《天发神谶碑》同时者，有吴之《禅国山碑》。字体亦与《天发神谶碑》仿佛。后十二年有《朱曼妻买地券》，则与《天发神谶碑》字体大致从同。

吴碑中为楷书碑之最先，而有名者有二：一为《谷朗碑》，或亦有称之为隶书者。然吴代之隶书有险劲之波磔，此碑则殆无之，与后之楷书结构用笔相近。二为《葛府君碑》，此六朝以前楷书碑也，现仅存其额。以此二碑论之，则法帖所传之钟繇楷书，不能谓为后人伪作矣。

吴亡后三十余年，晋迁都建康（今南京），所谓六朝文化中心也。自此中原云扰，学风丕变，文字书法均有极大之变化矣。

第五节 六朝人书法

所谓六朝者，或指都于金陵之吴、东晋、宋、齐、梁、陈六代而言，或又指南北对立之宋、齐、梁、陈、北魏、北齐而言。兹所述者由晋至隋，均三百年间文字之变迁也。

在此时代中，晋隶则全袭魏隶，如《任城太守孙夫人碑》《刘韬墓志》《韩府君神道阙铭》其代表也。其后南、北朝之隶书，不过是其余派，唯北齐之《陇东王感孝颂》，则颇与楷书接近。篆则仅存二三碑额，殆亦不过隋前摹印体之变象耳。

六朝乃楷书、草书发育期。隶书则汉代已尽美尽善，极变化之能事。后人无论下若何功夫，终不能超越其上。此盖时代使然，非人力所能强也。嗣是以后，楷、草书体则日趋于进步。盖由笔法简捷，适于普通社会之用，虽不强之以人力，自然日趋于发达也。至于隶书之笔法，后汉逐渐变异，较之五凤二年（前56）刻石之古体稍扁平，横画则起伏，竖画则欹斜，微生波磔，成左右分背之势（所谓八分隶），有趋于极端之特征。及其末期，如《石经碑》《谯敏碑》则又复见方正，波磔之放纵改为收敛，此殆回复之反动时期，然从他方面观察，此正为草书、楷书发达之步调也。

自汉末至魏之隶书，多使用逆笔，而所用之笔率为硬毛；如向右作画，必先自左将笔突进作成尖锐棱角，于停顿转折之处，微呈波磔之势，而同时草体书则无用此笔法者；如作横画，落笔便过；倘用新笔，始见尖锋，用秃笔，则以后世藏锋之状，楷书、草书之起笔不用逆笔取势，此为草法、楷法当初发达时之特色。观敦煌石室之木简，可以得其概略。

钟繇楷书之笔意，实脱胎于汉隶，盖仍是隶书速写之变形，不似北魏时代之楷书，完全成为一种特殊之笔法。至唐代以书法取士，而后乃成一定之格式也。

晋代楷书之石刻颇少，末由考证。然从敦煌石室掘出之物，可以考见当时之风格，与近代亦无甚悬殊。

《广武将军碑》前秦建元四年（368）所刻，乃北碑之著名者。其体为隶书，点画之中颇有奇趣。

《爨宝子碑》乃南碑中最高者，以地在远荒，世鲜知其名。书体在隶、楷之间，其建立之时为大亨四年（405），即晋安帝元兴元年。碑额题"晋故振威将军建宁太守爨府君碑"，宝子，其名也。

《爨龙颜碑》与《爨宝子碑》同在云南，并称二爨；屹立近两千年，无人顾及，盖百余年前，六朝北派之碑碣尚未为世人所珍视。康有为氏至称为古今楷法第一，其推崇可谓至矣。

六朝中，碑之最多者厥为后魏（北魏、东魏、西魏），其时立碑之风极盛，或颂官吏之功德，或纪祖父之生平。不惜倾无量之资财，以博建立碑碣之虚荣。魏曹操立法严禁，晋袭之，亦下禁碑之令。其理由则以"妄媚死者，增长虚伪，而浪费资财，为害甚烈"为辞。故当时南方立碑之风骤衰。然亦有一二特殊之原因，有蒙朝廷特许而立者，亦间有犯禁设立者，亦不在少数。观于南朝人所著之文集，其中有为人代撰碑文至数十篇之多，是故虽在禁碑之南方，三百年间，所建立之碑碣亦不下数百种。特其留存于今者才数十碑耳。当年建造城郭、道路、桥梁种种巨大土木工程之际，此等碑碣为人采用为建筑材料者，史不绝书，此诚碑碣之莫大厄运，而南方较北方为独多也。

北方则为异族所据，魏、晋之政令所不能及。长安及洛阳，晋初便被占领，禁碑之令不能行之北方而有效。后魏拓跋氏统制黄河流域，前后百五十年，且能继续秦、汉以来之文化，加之密迩西域，输入印度及西欧之文明亦较便利。佛教既盛，艺术亦因而大兴，造寺塔、塑佛像遂成为一时之趋尚，其遗物之存于今者甚多。迩来北方石窟，次第发掘，大为世人所惊异，此等古物多当时贮藏者也。

文化发达，艺术兴盛，大有裨益于文学与书法之进步。盖当时佛教宣传方法，以写经为一大功德，因此书法遂大进步。凡新建寺塔，塑造佛像，则必延聘文学之士，撰文以纪其事，或凿石以作碑碣，或就天然岩石之壁以刻之，即所谓摩崖刻也。刻有刻凿于佛像或佛堂之上者，如洛阳之龙门，则多就自然崖面上凿佛龛，作佛像；而当时造像人之记文，漫山遍谷，不下数千万。前清某县令曾详细调查之，大约不下九万六千三百六十之数云。

《龙门造像记》不下数千种。其文字雄奇，书法秀拔，清乾隆以后，始渐为人所注意。其足为之代表者，《龙门二十品》是也。此多数之造像记，并非一时一人所书，风趣自然各异，险峻劲拔，锋芒森森，则是龙门造像之特征也。

魏碑之最初建立者，为《大代华岳庙碑》，为整齐严格之楷书。唐欧阳询楷书之体格，殆从此碑胎息而来。其后十七年，建《嵩高灵庙碑》，字体与上碑相似，但稍放纵。前碑之建立在《爨龙颜碑》之前四十年，而楷法之整齐，则竟与之相仿佛。

魏碑中饶有蕴藉风趣者，首推郑道昭之书。六朝人书法流传最多者，亦仅此君。山东莱州云峰山题刻殆遍。现传之云峰山四十二种，皆道昭父子之遗迹也。其最著者，为《郑羲上下碑》。每碑多至千五百余字，道昭之字，多刻于天然岩石之上，莱州地处僻远，竟无有知之者。宋赵明诚《金石录》中áv, 未收集。盖自唐代以下，崇拜王羲之为书圣，而北宋《淳化阁帖》专取江南媚妩之字。承学之士多临摹而仿效之，目北魏险劲之书，为左道异端，无有习之者。然因此云峰山摩崖之字，经千数百年间，反能免拓拓之厄，尚得完整存在，此又不幸中之幸也。

其后反抗帖学之风起，始从事于搜集珍奇之书体，包世臣偶至山东，遍游各山，著有《历下书谈》；以山东乃古国，富有秦、汉以来之古碑，当彼碑碣搜集之中，云峰山摩崖拓本亦入其手，得接前人未知之妙迹，殊为惊喜，谓"《瘗鹤铭》仅数十字，且字形多已剥蚀不清，无以见古人之笔法；《兰亭序》自唐代以来，几经覆刻，真相不能窥；即唐人之书，亦皆漫漶殆尽，唯北魏郑道昭之几种刻石，以地处僻远，幸免拓拓，尚能锋芒毕露，得窥见古人之笔意，至其姿势之圆劲遒美，一碑有一碑之面目，各种兼备"。因勉力为郑道昭书法宣传，一时风靡天下，郑道昭之书名遂突起，王羲之书圣之称，几有被其取代之势矣。

其他能比肩郑道昭之书者，有《崔敬邕》与《刁遵》两墓志，二碑略同时，书法亦酷似。北派书中辄有狞猛险劲之笔，独此二碑方圆兼备，为六朝中最雅健之书体，邓完白、包世臣等之书法受其影响颇深。近年新出土之《元显俊墓志》，其风格亦与之相同，但微觉锋芒现露耳。

《张猛龙》《贾思伯》二碑，稍在上二碑之后，而介于龙门一派与《崔敬邕》《刁遵》之间。笔法以简练著称，然字体稍为耸肩，是其特征。《李璧》《李谋》《司马元奇》《司马景和妻》《高庆》《高贞》诸碑，亦均不免此。此殆北魏书中共同之点也。《敬史君碑》稳健和整，带有篆笔，唐初楷法之先河也。《李超》《根法师》《鞠彦云》《温泉颂》诸碑，亦均北魏之铮铮者。

《凝禅寺三级浮图碑》额作缪篆颇奇诡，日本之碑额多作鸟首之象，殆导源于此。此碑之本文书体与《大代华岳庙碑》同一系统而为北魏之一派也。《李仲璇碑》与之相近。李碑篆、隶、楷各体杂出，颇为有名。六朝碑各体混用者颇多。

北齐《陇东王感孝颂》属隶书。然其隶体前与魏、晋，后比唐隶皆相异。乃用楷法作隶者，北齐楷书受魏之遗，故多瘦削之字也。

北朝之书大部分在泰山、徂徕山、冈山、尖山、葛山、水牛山、小铁山等处。在峰峦豁谷之处，便有无数之摩崖，或作绝壁之上，或在洞窟，或在浅水之岩底，或岩穴等处，皆有刻字。百余年来，搜索殆尽。今已达数千种以上，恐尚有隐匿未被发见者。

徂徕山之刻字，县令王子椿署名，时在武平四年（574）也。其他刻字之人，与时代皆不甚详悉。此等摩崖概书大字，其中二三尺之字亦有，但以一尺者为最多。其书体则楷法中而参以隶体之意。其最有名者为泰山经石峪之《金刚经》，世人多推为榜书之模范，完整无缺者尚有九百八十字。字径自一尺二三寸至一尺七八寸。

北周之《匡喆刻经颂》，字径七寸余，其额二字颇大，径约三尺一寸。此字在山东诸山摩崖中，字美而形大，便于推拓。此外北周时代之字，葛山亦有之。

水牛山之《文殊般若碑》，包世臣断为西晋时刻，赞为佳作。约三百字，字径一寸五六分。评者或谓此书以钟、王之笔，为北派之体，茂密俊逸，浑厚雄整，徂徕山之写经，亦不及之。《经石峪》《尖山摩崖》更不足论（赵之谦定此碑为隋代之物）。

南方因有禁碑之令，故现存之碑额少。上述《葛府君碑》《爨宝子碑》《爨龙颜碑》之外，则有宋之《刘怀民墓志》、梁之《瘗鹤铭》《萧秀墓碑》《萧憺碑》《萧景神道阙》及新出土之《程处墓志铭》而已。其中《瘗鹤铭》或谓《为梁陶弘景所书》，考弘景为南朝杰出之人，常与梁武帝书札往复，研究书法，故其书甚为后人所重。

从碑刻考察之，南北朝之书法，原无特殊相异之点，《程处》与《瘗鹤铭》则酷似郑道昭、崔敬邕、两爨及刘怀民之体格，亦与北碑类似。所谓南北书体不同者，不过《淳化阁帖》一派流媚之字，与龙门一派险劲之字，比较言之耳。

三百年来，南北对峙之局至隋始统一，天下得以小康。立碑之事，各地又盛行。故隋立国虽为时甚短，而碑碣之存于今者独多也。

隋代篆、隶早废，唯楷书盛行于世。如《龙藏寺碑》《贺若谊碑》《首山合利塔碑》《启江寺碑》《元公墓志》《姬氏墓志》《董氏墓志》《龙山公墓志》《巩宾墓志》《陶贵墓志》等皆完整雅妙，嗣后唐朝君臣尽力于书法，亦不能胜之。

总观六朝法帖，魏之钟繇，吴之皇象，晋之武帝、元帝、张华、桓温、王敦、庾亮、庾翼、谢安、卫瓘、杜预、沈嘉、郗愔、王廙、山涛、陆云，宋之明帝、羊欣、孔琳，齐之高帝、武帝之外，尤以王羲之、王献之所书为最多，亦最佳。

《淳化阁贴》乃北宋淳化年中，命王著编纂，系采集当时藏于御府之古今名迹，摹写而雕刻之，以行于世者，其中虽不无杜撰伪造之处，然大部分仍属真迹，原本藏于内府，故世间难于见及。王著所编之原刻，既已真赝糅杂，辗转翻刻，未免加甚。此亦无法可以避免者也。嗣后此种法帖遂成为学书者之标准教科书，其力足以支配天下之书法。宋太宗固笃好羲之书法，而同时奉命编辑之王著，亦极端崇拜王书，故十一卷中羲之父子之书，竟有五卷之多。其他所收入之各家，亦多笃守羲之家法者。

《淳化阁帖》以外各帖，所传六朝有名之书，则有晋之陆机《平复帖》、梁之史孝山《出师表》、索靖之《月仪帖》、陈智永之《归田赋》《真草千字文》等。

智永之《真草千字文》，当时曾书八百本，至宋、元时代真迹尚存。智永以善传王字书法著称于世，而此册尤为世人所尊重，多采为习字范本云。

第六节　王羲之

王羲之在当时固以书名见重于世，自人唐代以后，尤被人推为最高无上之圣手，东晋穆帝永和年间，实其书法成熟之时期也。

　　羲之之书以楷书见长，传流者有《黄庭经》《乐毅论》《东方朔画赞》等。但皆为三四分以内之细楷，在摄影术尚未发明以前，无论用若何巧妙之方法以从事影印，终有失真之处，欲求其不失原书之精神，真不可得耳。今日所见之摹本不足置信，此崇拜王书如宋、明、清三代之书家，亦常论及而引为遗憾者也。

　　草书之传世者，有《十七帖》以下多种。其字迹较楷书稍大，约在一寸左右，但伪作多，可信为真迹者颇少也。大抵其各体真迹之原本，早已一字无存，能得双钩填墨者，即为最上，余皆以双钩之誊本，刻于木板或石上，其翻刻之次数，不下数十百回云。

　　行书以《兰亭序》为第一，刻本传世者甚多。羲之亦自谓其书法以《兰亭》为第一杰作，故后世研究羲之书法者，无不称"兰亭"也。

　　"兰亭"者，"兰亭"修禊序也。永和九年（353）春三月三日，羲之与名士四十余人，会集于兰亭：修被禊之礼，饮酒赋诗。所谓"兰亭序"者，即诗集之序也。计二十八行，约三百余字，今所传者其稿本也。故其中有数处尚有涂抹改写之痕迹，此为最神妙之佳作，其后传世之《兰亭序》，不下数百本，率为后人摹写传之者。

　　羲之之书，后人视比金玉尤为尊重。即不甚经意之作，亦被人珍藏，其中尤以《兰亭序》为有名，隋开皇中曾刻之石，其真迹则在僧智永之处，后更入于其弟子辩才之手。

　　唐太宗，开创李氏三百年太平天下之英主也。政治武备之外，文学亦擅长，书法尤美妙。特好羲之之书，悬重赏募集之；天下所有王羲之墨迹，无论真伪，悉收罗之，命虞世南、褚遂良详加鉴别，定其真伪，分别收藏于御府，达二千二百九十纸之多（梁武帝搜集二王之书万五千纸以上，其后兵乱多毁失）。

　　《兰亭序》入太宗秘库之后，乃选群臣之善书者临摹之，以为赏赐近亲、功臣之用。受此赐赉者，遂引为无上之光荣。语云："上有好者，下必有甚焉。"此盖世态之常，当时朝廷既以此为重，臣工乃辗转临摹，弥漫天下，凡欲致身仕途，以求荣达者，必先临摹《兰亭》以趋时好。

太宗既爱之甚笃，当其崩御之际，特颁遗命，将《兰亭》真迹陪葬昭陵，从此人间无上之妙墨，遂长埋地下，绝迹人间矣。今日传世之《兰亭序》累千数百种，然大抵多属当时太宗下赐群臣之临本（双钩填墨）。为欧阳询、虞世南、褚遂良、薛稷诸名家刻意临摹之作，故无论其为刻石者，或为拓本翻印者，其内容必不一致。若王书之《兰亭》真迹，早已不可得而见矣。

今日所传之《兰亭序》以定武本与神龙本为主要。世称神龙本乃褚遂良所临，定武本则欧阳询所临也。定武本较为能传《兰亭》之真相，唯锋芒漫散，笔法不明。神龙与定武，其精神固大相殊异，即与其他诸本较亦有不同，故无论何本，可断定与原本皆有出入也。

唐时所发明之集书，尤为崇拜王羲之之一现象。当太宗时有三藏玄奘法师者，翻译佛教经典既讫，为文以纪其事，俾传之后世，乃特由王羲之真迹中，搜集其字，以成一碑。当时有僧怀仁擅书法，由彼与其徒众费二十年之精力，就内府所藏羲之之字中集成之，然碑文中所有之字，羲之书中未必尽有，亦间大小不一致者，于是乃取其偏旁，配成适当之字；卒成《大唐三藏圣教序碑》全文，其用力亦可谓勤矣。

王羲之他种传世之字，几经翻刻，多有失真之处。唯此碑乃由真迹刻于石上，最为近真。羲之真迹或摹本，怀仁以后，多已亡失。独依此碑，乃能亲接羲之之书，后人赞为百代之模楷，在唐时学此碑之人已多，因有诏敕官省内常用文字，须仿此碑之体，宋明至清，学此碑者满天下。

法帖而专集一人之家者，有隋开皇年间所刻之石本《兰亭序集丛帖》则以五代后唐之《澄清堂帖》为始，称为祖帖。今所存者仅王羲之之书，后人评为优于《淳化阁帖》。《淳化阁帖》较为次出，亦法帖中之最有名者，其翻刻或增补修正者，则有《修内司帖》《大观帖》《绛帖》《潭帖》《临江帖》（又名《戏鱼堂帖》）等。则《淳化阁》又称为《祖帖》矣。其后更有专集当代人之法书，以为之续者，如集王羲之、颜真卿、米芾、赵子昂、董其昌等家者。此类法帖为数甚多。

第七节　唐人书法

　　书法之于唐代，可谓为近体文字最发达整齐之时期。所谓近体文字者，乃楷、行、草三体书法也。唐初之大书家为虞世南、欧阳询、褚遂良、薛稷，四家传世之书以薛稷为最少，盖稷在当时位望稍逊，故不为后人所重；虞、欧、褚三家历宋、元、明清以至近代，永为习字之模范。

　　虞世南书法有婉雅之趣，接智永之遗轨，可谓能承王羲之系统者。（包世臣尝谓"虞世南学王献之，非学王羲之"。）其代表之作，有《夫子庙堂碑》《汝南公主墓志铭》及《积时帖》。欧阳询之书，劲峭严整，犹带有六朝北派之余韵。其代表之作，为《皇甫诞碑》《九成宫》《醴泉铭》《化度寺碑》《邕禅师塔铭》《虞恭公碑》《史事帖》《张翰帖》。褚遂良书疏瘦劲练，是其特色。或谓"其幼时临摹虞、欧之体"，然依其书碑之时代考之，盖未必然。其最足以发挥其特色者，为两种《大唐三藏圣教序》及《孟法师碑》《房玄龄碑》《枯树赋》《儿宽赞》。

　　关于初唐书家之评论，康有为曾有言曰："吾最爱殷令名《裴镜民碑》之血肉丰泽，马周、褚良二碑次之，余如王知敬之《卫景武公碑》，郭俨之《陆让碑》，赵模之《兰陵公主碑》，高士廉之《茔兆记》《崔敬礼碑》，皆清朗爽劲，近于欧虞。"

　　初唐之楷书，概不能脱虞、欧、褚之范围，其中唯有薛曜（薛稷之弟），则独标异彩。彼为则天武后时人，有《游石淙诗》摩崖，亦师法北碑之峻整，更有一种瘦劲锋锐之概，亦异军突起者也。

　　唐太宗之书，多载于《淳化阁帖》中，其碑刻之传世者以《晋祠铭》《温泉铭》为最，有名后世。以行书勒巨碑者，实太宗启之也。其子高宗亦长书法，碑帖中多存留其笔迹。太宗于古人之书，最好王羲之，而于献之书则颇有微词。其所作《羲之传书后略》云："钟繇妙墨擅美一时，后之论者谓当时无能出其右，其果尽善尽美欤？盖其分布之纤浓疏密，诚如云霞之舒卷，吾无间然。然其体是古而非今，字则过长而逾制，此其瑕疵也。王献之虽有父风，别无新意；其字体疏瘦如隆冬之枯树，拘束如严家之饥隶，若枯树之槎枒而无屈伸，又似饥隶被羁，赢而不放；兼斯二者，翰墨之病也。萧子云最为晚出，擅名江南。然书法委弱，曾无丈夫之气；而行墨之间，如春蚓之萦洄，如秋蛇之绾曲，毫无筋骨峻嶒之象，徒负虚名耳！此数人者，皆誉过其实。旷观古今，堪称尽美尽善者，其唯王逸少乎？心摹手追，唯此而已！余子碌碌，殆不足数。"

以上评论，以推崇王羲之为目的，而于其他各家则多所讥评，未免过当。钟繇之书，今所传者多为平稳体格，与长而逾制之评语适得其反。即献之之书，其刻于阁帖中者，亦无有如枯树、饥隶之贫弱槎枒，况畅达放纵乃献之书法之特色。太宗收藏天下古书，又精于鉴别，其所论断当必有本，意者后世所传钟繇及献之书法，与当时太宗所见者不同欤？

献之书法传于今日者，楷书以《洛神赋》（有数种，真伪参半）、《保母砖》（殆属赝物）、《中秋帖》《送梨帖》《十二月帖》《鸭头丸帖》《地黄汤帖》为有名。对此等遗迹，宋、元以下之评论，皆一致谓大令与父异者，在放肆豪迈。后人评语更有字法端劲，字画神逸，笔画沉着，道逸疏爽，纵轶超轶，笔画劲利，笔气飘飘，无一点尘土气，无一分桎梏束缚等。

宋米芾极力推崇王献之，其笔法之豪纵健迈，亦取法于大令为多。故对太宗之评论，颇有异议。尝谓"太宗力学右军，然不能造其极，后又师法虞世南之行书，思由此可登右军之堂奥，然终不逮子敬（献之字），遂对子敬大肆讥评。然子敬以天纵超逸之才，又亲承右军之教，岂一人所得而定论也"。

尝考太宗之书迹，固善学羲之，然其劲利之处，亦未尝不取法大令，其后高宗承其遗绪。古今帝王善书者，前有梁武帝，后之宋太宗、高宗、徽宗，清代之乾隆诸帝，皆有妙迹传留，然以之与太宗相较，则尚觉不逮。嗣是以后，有唐诸帝，承其家风，能书者甚多。玄宗尝谓："观于盛唐五十年来诸帝丰腴之书法，即足以表示当时海内承平气象。"其后有颜真卿应运而出，为当时流行之书体也。

盛唐楷书，至颜真卿出，突呈革新之趋向。物极必反，事理之常；故瘦劲之书法，变而为筋骨遒练之体，此乃自然之势。考初唐书体多取法于右军，而右军之书，即为少肉著称。故初唐四家之书，皆有清瘦之致，而褚遂良为尤甚。虞、欧而后，以登善最负盛名，故能长保其势力，而书风广布于士林。然瘦削之极，而反动派丰肥之体继之以兴，此乃事理之常，无足怪也。

颜真卿所书之碑，开元中有数种，其后更多，《殷履直妻颜氏碑》原石今已毁灭[开元二十八年（740），真卿三十岁]，《多宝塔碑》则拓印甚广，此皆为壮年所书，其时已四十八岁矣。其后所作，则更臻圆熟遒劲，若《东方先生画赞》（五十岁所书）、《臧怀恪碑》（五十九岁）、《郭从之家庙碑》（六十岁）、《麻姑山仙坛记》（六十七岁）、《八关齐报德记》（六十八岁）、《干禄字书》（七十岁）、《大唐中兴颂》（六十七岁）、《宋璟碑》（六十八岁）、《元结表墓碑》（七十五岁）、《颜惟真庙碑》（七十六岁）等，今尚有完好之拓本，就中以《麻姑山仙坛记》，《中兴颂》《颜唯真庙碑》（又称《颜氏家庙碑》）最为特色。论者谓真卿之书法，亦随其年龄之长进，而更换其笔法，然其刚正严肃，凛然如不可犯之象，则恰如其立身行政之高风亮节也。

与颜真卿同时擅能书之誉者，为李邕与徐浩。《不空和尚碑》即浩之杰作也。有评其书者谓："如怒猊抉石，渴骥奔泉。"在当时负有盛名者，但米芾则称之为"吏楷"，谓"出于属官之手"；然自宋以下，浩书极为流行。

李邕之书，以遒逸著称，长于行草。《岳麓寺碑》《云麾将军碑》是其代表之作也。后世师法羲之行草者，必先从邕入手。楷书有《端州石室记》。隶书亦不劣于当时名手梁升卿、韩择木也。

自颜真卿以至柳公权，为唐楷书发达之终结时期。不独唐代一时为然，吾国楷字自唐之后，别无何等新意发明也。柳书更独具一种法则，《平西王碑》《玄秘塔碑》是其代表之作也。

唐代楷书承六朝之余绪，别无新意之创造。唯点画之间，稍加整齐，结构体裁更为谨密；有一定之轨则，便于学子之临习。其后关于书法之评论，虽有新意发明，足为后进指导。然后进之士，未免拘泥旧说，反受束缚。然即此等议论学说，每有后人所伪托者，盖是古非今，乃我国人固有之癖性；于是关于秦、汉以来历代名家之笔迹，以及讨论书法种种秘诀之著作，均不无赝作互列其中也。

唐代之行书，固以摹仿王羲之《兰亭序》及专集王书之《圣教序》为主要之范本。然其后太宗、李邕、徐浩等亦多有特创之格式。

草书则大受二王、智永之影响，孙过庭乃忠实之学者，其《书谱》《千字文》乃后世草书之范本，为人所赏爱。张旭有草圣之誉，但其笔迹传世者不多。其所书《千字文》二百余字最为重要。若《肚痛》《春草》《东明》《秋寒》诸帖，皆非真迹。《郎官石记》乃楷书也。精劲谨严，循守法度，则不似张颠之面目。然极为后人所爱赏以狂草得名之僧怀素，其今传之大小《千字文》亦属伪物。《圣母帖》则略无半点狂态，韵整清熟，精妙不可言喻；明王弇州极赞美之。《自叙帖》亦列为草书之范本，然其结构笔法亦不见有佳妙之处；杨守敬则直斥为纤弱狂怪。《苦笋帖》高古超迈，烜赫一时。行草相混之帖，则颜真卿之三稿，在唐代书法中推为第一佳品。《争座位书稿》《祭侄文稿》《祭伯父文稿》皆属稿本，为草率不经意之作，故涂抹痕迹仍在。清代何子贞尝谓："《争座位帖》，笔法之佳，当在《兰亭》上。"米芾亦推尊之，称为颜书第一。

《送裴将军诗》不见于颜集中，大抵出现稍迟，然其书在颜书中微有变化，楷、行、草三体兼备，亦间有类似篆籀者，劲逸雄伟，达于极点。柳公权虽以楷书著称，其行草亦佳。

唐代篆书以李阳冰为第一。《滑州新驿记》《缙云城隍庙碑》《三坟记》《迁先茔记》等，足为后人之楷则。其书风从泰山、峄山诸碑而来，然古意尽失，徒贻宋代以下恶俗板刻篆书之模范耳！

第八节　宋元明人书法

自宋至元明历七百年长久之岁月，而书法上无甚变异。盖自唐代以来，确立楷书之规模，后即取为准则；汉、魏而下以及王羲之之系统，其领域日趋于狭小，转视为一异军，突起于范围之外也。

宋代书家东坡与山谷其始皆取法于杨凝式，元、明人士犹相继推重。杨为唐末之进士，历仕五代。其书法从颜、柳而上溯二王，未能深入堂奥，不过掇拾羲之之余沥而已。五代为时虽历五十年，然一代之兴亡转瞬即届，平均计之，每代仅及十载。故学问与艺术之衰微可谓已达极点，幸江南一隅为南唐所割据，其三代君王皆酷好文艺。据六朝之旧地，承风雅之遗风，后主李煜诗、词、画、书皆极精能，臣工若徐铉、徐锴兄弟皆邃于文字之学，于是乃选辑古今名书以成法帖，即有名之《澄清堂帖》也。今尚有四册传世，称为字帖中之鼻祖（仅王羲之之字）。嗣后千余年中，帖学风靡天下，南唐可谓为书法之元勋也。然自帖学兴而古法日亡，后人拘泥楷法，成为鄙俗之体，是又幸中之不幸矣。

南唐既亡，二徐仕宋，于字学多所贡献；徐铉尤以篆书名世，师法李斯、李阳冰，现存之《峄山碑》即其摹本也；弟锴则著有《说文系传》。

宋初之书家，以李建中苏易简为最有名也。宋太祖万几之暇，游意翰墨，收购古帝王名家之墨本，命侍臣王著编辑之，成《淳化阁帖》。其时秘府墨迹真赝杂居，著不能辨，徒以奉敕选集，敷衍以塞责耳。故其全帖中伪作甚多，而第五卷为尤甚；如卷首所列仓颉、夏禹、仲尼、史籀、李斯、程邈诸家固皆赝造。其尤可笑者，次卷中所载之宋儋，实唐开元时人，竟列入汉、魏集中。此等显明之处，亦疏略如此，其他更可知也。程邈以上，多所附会，其中所谓李斯书者，实即取唐代李阳冰所书《裴公纪德碑》中十八字凑合而成，其荒谬为尤甚；程邈之书则纯系虞世南风格之楷书，显然为唐后人所伪造；于此更足以证明其缺乏书法递变历史上之智识，其谬误可笑之处尚不止此，兹仅举其较显著者；然庭臣之中，竟无人指疵而纠正之，则当时学风之衰替，于此可见一斑也。

其后神宗元符中，有秘书郎黄伯思出，始撰刊误二卷，评论第三卷尤精。兹录其大意如下：

> 此卷伪帖过半，自庾翼一帖以后十七家，实皆一手所书，韵俗笔弱，予始观之，即疑为伪物。但此等伪物，莫知其所由来；后奉仕秘馆，始得从秘府中窥览秘籍。尝发现一书函，内中即尽属此等伪造之手迹，每卷中题有仿造人之姓名，细审之则阁帖第三卷及其他伪帖皆在其内，亦间有末被采录者，其数颇多，皆澄心堂纸所写，大抵南唐人士取古人之词语随意为之，故其文则真而书则伪也。此类之书当时称为"仿书"，盖系临摹而来，非自书也。编辑阁帖时，王著不知其故，因题有古人之名，便遽谓"是其人之真迹"而采录之，以致生如此之大误，可为太息也。

此外所载古人书法亦多同样之笔迹，殊难辨其真伪。关于评论阁帖真伪之著述甚多。或谓其中收入之真迹亦复不少，虽有伪者杂入，亦无损于其价值。以是学者虽指出其谬误，而阁帖仍流行于世也。

号称宋代四大家者，蔡襄（字君谟）、苏东坡（轼，字子瞻）、黄山谷（庭坚，字鲁直）、米芾（字元章）也。蔡本蔡京，后人恶其奸，遂易以君谟，蔡襄之书实无何等特色。东坡之字则肩耸肉多，是其病癖。山谷字则劲瘦锐利。米芾书则豪气自矜，时有竖画之怪癖；然专门研习书画，不失艺术家固有之根性。其技巧推为北宋第一。东坡之书，原无甚精采之处，然其学问文章均甚优越，故后人重其因而推爱其书。山谷人格高洁，足伍东坡，而书法则远过之。盖书法与人物之崇拜并行，故东坡山谷之书，遂为士林所推重，至今勿衰也。

南宋高宗以偏安之局，值危难之时，而能好整以暇，爱好书画，然用力虽勤而品不甚高。盖家国忧危，不免时有委丧颓唐之气流露于楮墨间。其所翻刻或续刻之法帖多盛行于世，作士林范本也。

元朝八十年间之书家，有赵子昂、康里巎、鲜于枢、柯九思等。就中以赵子昂最为后人所崇拜，即日本人士亦多有学其书法者。米元章取法于王献之，赵子昂则带有羲之之风。

明代于书法，无特别之劳绩。历三百年长久之时间，能书之家如云辈出。初期则有宋濂、杨基、陶宗仪、杨士奇、解缙、陆友仁等，中期则有姜立纲、祝允明、文徵明，末期则有张瑞图、米万钟、董其昌等，最为有名。其中董其昌之字最为清代康熙帝所赏爱，得非常势力而声誉日隆。其后乾隆帝则喜赵子昂，故其书极为流行。且当时读书之士，因科举重秀丽小楷，以学赵、董之字最为合宜，其余风所及，有传至日本及朝鲜者。

宋、元、明三代之篆书，仍承李阳冰系统。石鼓文之研究自宋以后颇盛，但篆书笔法不能脱离阳冰，故石鼓文或钟鼎文虽多研究，而笔意不能出于唐篆外也。

隶书则虽尽力研究汉碑，但笔法不能上溯汉代。楷书亦止步唐人后尘。

第九节　清人书法

清初百年间书法尚承明代之旧，康熙帝好董其昌书，乾隆帝喜赵子昂书，故两家之体，风靡一时。王铎、傅青主为明末清初有名之书家。其他各家大抵阁帖一系。乾隆末年渐有病帖学迂疏之论调，当时大家中有张得天、刘石庵等，字体新异，梁同书流畅，王文治善作妩媚之字，为人所重。直至嘉庆间，始有邓石如出，以超群之才，刻苦力学，故能突现奇迹，惊动天下。其弟子包世臣复鼓吹之，于是研究北碑之风，盛行于时，而帖学旧派则为人所厌弃也。其后复有张廉卿、何子贞出，诚豪杰独力之士，不依傍他人门户，唾弃一切古法、古诀，自成一家，凡篆、隶、真、草，全变面目，此诚千余年来书法革新之业也。包世臣著《艺舟双楫》，康有为著《广艺舟双楫》，盛唱尊碑之说，尤贵北派，于是天下青年，靡然从风，碑学如日中天。盖前此碑帖之弱点渐渐暴露，挽近三十年来，继续发见古代之真迹，此新史料今已在新研究中，将来书法进步，当别开一新生面也。

第二章 南北书派论

从六朝人之书法以观原有碑帖，已如上述。但碑学帖学之论，实起于清乾隆以后。盖当时考证学家研究古文字学大有进步，多从古碑碣钟鼎文字中发见新义，于是对于以法帖为本位之书法论，渐有异议，而尊重北碑之热度，遂日益增高。

原来碑学非限于六朝，时六朝之碑发现特多，遂成议论之焦点。今将清代阮元南北书派论之大意，介绍于次：

由隶书变而为正书、行书、草书，其转移实在汉末、魏、晋之间。其后正书、行、草，又分南北两派。东晋、宋、齐、梁、陈南派也；赵、燕、魏、齐、周、隋北派也。南派由钟繇、卫瓘、王羲之、王献之、王僧虔等，至于智永、虞世南。北派由钟繇、卫瓘、索靖、崔悦、卢谌、高道、沈馥、姚元标、赵文深、丁道护等，至于欧阳询、褚遂良。

南派书法隋代不甚显著，至唐贞观年间始风靡天下。然欧、褚之书风亦渊源于北派，即唐永徽以后所书之《开成》《石经》尚有北派余风。

南派乃江左文士之风流，疏放妍妙，长于启牍，每用简约之笔，所尚既偏，驯至不识篆书之遗法。在东晋时既多改变，其后宋齐时代所谓古法，更荡然无存矣。

北派乃中原之古法，拘谨古拙，长于榜书。蔡邕、韦诞、邯郸淳、卫颛、张芝、杜度等之篆、隶、八分、草书之遗法，传至隋末唐初犹存。

南北两派，判然如江河之不相渎混，即世族亦不相通。此风至唐初尚存。太宗本北人也，然独爱王羲之之书，故亲虞世南。羲之书法实兼南北两派之长，可于现存之王帖中考而知之。盖数百年来盛行北派，民间又多用之，试一考当时普通所刻于石瓦类之文字，皆有北派齐周时代之书风，而绝少似阁帖或王羲之献之南派之笔法可知也。至宋代各帖盛行于天下，然后中原碑版石刻始无复有北派矣。

　　梁代王褒，南派之高手也。入仕北朝，唐高祖学其书，故其子太宗亦爱好王羲之书法也。

第四编　书法研究

第一章　学书概说

书法为我国特有之美术，凡美术有主观、客观之分：东洋多主观，西洋多客观；此东、西之大界也。譬之于画，西人力求形似，体物状，写风景，均以形似为归，如出一辙；东方人则务在表现个性，似与不似非所计也。画之外包含甚广，画之中其个人之精神寄焉。凡我国之美术皆如此。讲求美术者应具有高尚之胸襟，超远之见解，真挚之同情心；明眼见到，妙手擒来；求之多日不能得，一旦不期而自至；能者不觉其难，不能者苦心焦思而无所用之也。试观我国诗、文、词、曲、书、画、篆刻各家成名而去者，有不以表现个性为极则者乎？彼描头画角，亦步亦趋者纵可成功，品终居下。虽然，性情、怀抱得自先天，学养不无少效，终难尽易；此无可如何之事，亦吾人引为憾事者也。

学书者天资与功夫二者不能偏废。天资未可勉求，功夫当反求诸己。思想而外，手、眼之用为多。博观古今碑帖，名人法书，究其执笔、用笔、用墨之方，结体、分行、布白之法，用眼者也。果心焉好之，一意于此，未有不日进有功者；故多写多看，人十己百，实为不二法门，无他谬巧也。邓顽伯客梅氏八年，每日昧爽即起，研墨盈盘，至夜分墨尽乃就寝，寒暑不辍；有志之士其勉之哉？

书虽小道，立志不可不坚，不可不高。立志学书，当先认定种类，篆、隶、分、楷、行、草，择性之所近者学之。然后选定碑帖，专心摹写其中数十字，一月后乃改为临仿。每习一碑，多或三年，少则一年，无间寒暑；既有进境，乃易同类他碑。不可见异思迁，作辍不恒，故立志必坚。取法乎上，仅得乎中；篆书学斯翁，结果未必胜包、吴；若学阳冰，又当降一等矣！况志气不高，胸襟即不开展，意兴因而萧索，影响于进步甚大；故立志又必高。

　　择师有二说：一师古人，一师今人。古人远矣。其精神所寄在碑帖，慎择而时习焉；又必究其用笔、用墨、结体、分行之法。求习字之师，似易实难。能者秘不示人，不能者不足相益，且有引入歧途之惧。观包世臣述书可知求师之不易。虽然，三人行必有我师，善者从之，不善者改之，则古今墨迹皆我师矣。学者宜随处留心，详加参究。又观人作书较观墨迹，得益更多。苟遇名家，不可交臂失之。

第二章　执　笔

　　书之为艺通乎射，内志正，外体直，然后持弓矢审固；持弓矢审固则射中矣。作书亦然，心正笔正则运用无勿正矣。故初学书者当以执笔为先。

第一节　执笔法

　　昔钟太傅得蔡中郎笔法于韦诞，既尽其妙，苦其难以言传也，曰："用笔者天也，流美者地也，非凡庸所知。"然则，初学之士不知执笔，于书何从？欲知执笔，于古何从？夫斲轮以斧，不言挥运之方；解牛用刀，难传经首之会；固知绘图执笔，古之陈迹，书之糟粕也。

　　绘图执笔失之呆板固矣，第古人执笔要自有法。撮要言之，蒙子临池或为识途之助：大抵执笔之法要使笔杆正直，不可偏敧；四指环执管之四面为主，一小指随后为辅，大指抵其左食指包其右，中指卫于前，名指抵于后；犹之用兵：大、食为左右两翼，中为前锋，名为后队，四面平稳，又加小指为后盾，笔自稳固矣。王侍中《书诀》所谓"拇左、食右、中控、前冲、名禁、后从"，即此法也。

　　或谓"执笔有紧缓之分：紧执笔者易遒，缓执笔者易媚"。然梁武帝之言曰："执笔宽则字缓弱"，有若紧胜于宽；而苏东坡之言曰："把笔无定法，要使虚而宽"，又若宽能胜紧。要之，握管太紧，则力止于管而不及毫，且反使笔不灵动，又安能指挥如意哉？宽则掌虚，五指更贴管著实，则全身之力可达指端；而运笔灵虚，纵横无不如意矣。

执笔之法，既如上述，然使笔之际，有迟、有捷：真书过迟，难求生活，行草过捷，亦少蕴藏；要以二者相较，合有准度。故习书者执使有法，运用有情；偏正不违，浓纤各具；不宽、不猛，有中和之道焉；不疾、不徐，得战行之法焉。于以蹑芳躅，攀峻阶，模唐规，返晋逸，跻天宝之八杰，追贞观之四家，逶迤钟、张之门，相羊卫、王、之后。学者苟欲婆娑术艺之场，或亦有取于斯乎？

第二节　把笔无定法

唐人盛倡指运之说，其法曰："作点，向左以中指斜顿，向右以大指齐顿。作横画，皆用大指遣之。作策法，仰指抬笔上。作勒法，用中指钩笔涩进，覆画以中指顿笔，然后以大指遣至尽处。"此法盛行于唐。韩方明有言："今人置笔当节，碍其转动；拳指、塞掌，绝其力势。"然则，唐人固多不善执笔者矣。宋人尚意态，无施不可。东坡乃有"把笔无定法，要使虚而宽"之语，又以永叔指运而腕不知为妙，盖爱取姿态故也。夫以数指俯迎运送，其力有几？运送亦不能出分寸外，字苟过寸，已滞于用。东坡操之至熟，变化生新。其诗曰："貌妍容有矉，璧美何妨椭"，亦其不足之故。孙寿以龋齿、堕马为美，已非"硕人顾顾"模范矣！在东坡犹可，然由此遂远逊古人，后人勿震于东坡而欲效颦也。

清朱九江执笔法曰："虚拳、实指、平腕、竖锋、食指、中指、名指层累而下。"指背圆密，则腕自平，可使杯水置上而不倾；竖锋当使大指横撑而出。夫职运笔者，腕也。职执笔者，指也。如法为之，大指所执愈下，掌背愈竖，手眼骨反下欲切案，筋皆反纽，抽掣肘及肩臂，抽掣既紧，腕自虚悬；通身之力，奔赴腕指间，笔力自能沉劲，若饥鹰侧攫之势。于是随意临古碑，皆有气力。此盖以腕运笔，故欲提笔则毫起，欲顿笔则毫铺，顿挫则生姿。行笔战掣，血肉满足，运行如风，雄强逸荡，绝无抛筋露骨枯弱之病；以视指运之笔力困弱，偃卧纸上者实不可同日而语。故把笔虽无定法，要以平腕竖锋为最善焉。

第三节　执笔之高下

执笔高下亦自有法：笔长不过六寸，提管不过三寸；真一，行二，草三。"卫夫人真书，执笔去笔头二寸"。此盖就汉尺言，汉尺二寸，仅今寸许。大抵执笔总以近下为主，真书执笔过高，则画势虚浮而笔下必无实力也。卢携曰："执笔浅深，在去纸远近；远则浮泛、虚薄，近则揾锋体重。"此数语体验甚精。包慎伯述黄小仲法曰："执笔欲其近"，诚有得之言也。

近人执笔多高，盖惑于卫夫人之说而不知考。大抵执笔之高下，真书宜揾重，故执笔去笔头一寸或一寸二分；作行书则稍宽纵，执宜稍远，去笔头可二寸；作草书则运笔流宕，势疾而逸，执笔更远，去笔头当三寸矣。黄伯思曰："流俗言：'作书皆欲聚指管端，真、草俱用此法乃善。'不知笔长不过五寸，作草亦不过三寸，而真、行弥近；若不问真、草，俱欲聚指管端，乃妄论也。"此足正今人执笔多高之误。

第四节　拨镫法

陈思曰："镫，马镫也。盖以笔管著名指、中指尖，令圆活易转动也。"执笔既直，则虎口间圆活如马镫也。足踏马镫，浅则易于转换；手执管亦欲其浅，浅则易于拨镫矣。或又谓"执笔之势仿佛用指尖持物，如挑拨镫心者然"，则又以镫作油镫解矣。

执笔不可好奇，但取适意；适意则力生焉。久用力而指不疲者莫善于拨镫。夫五指撮物，孩童所知；拨镫撮管，五指俱齐；与撮物何异，而钩拒导送之法备焉，故用力最实而可久也。拨镫之法或传仅五，或传有八。兹分录于后，以备参用。

五字法

  撅 以大指上节端用力撅住笔管之左方，其名曰"撅"。是为大指之执法。

  压 以食指上节端压定笔管之右方，使与大指齐力执住，其名曰"压"。是为食指之执法。

  钩 以中指尖钩住笔管之前方，其名曰"钩"。是为中指之执法。

  贴 以名指爪肉之际，用力贴着笔管之后方，其名曰"贴"。是为名指之执法。

  辅 以小指紧靠名指之后，辅名指使得力，其名曰"辅"。是为小指之执法。

上五字诀，即古人所谓"五指齐力"也。唐陆希声得五字法，曰："撅、押、钩、抵、格"，与此略同。

八字法

  撅 大指骨上节下端用力欲直，如提千钧。

  压 捺食指着中节旁。（以上二指着力。）

  钩 钩中指着指尖，钩笔令向下。

  揭 揭名指着指爪肉之际，揭笔令向上。

  抵 名指揭笔，中指抵住。

  拒 中指钩笔，名指拒定。（以上二指主转运。）

  导 小指引名指过右。

  送 小指送名指过左。（以上一指主牵过。）

李后主煜曰："书有八字法，谓之'拨镫'。自卫夫人并钟、王传授于欧、颜、褚、陆，流于此日；非天赋其性，口受要诀，然后研功覃思，则不能穷其奥妙也。"此八字法盖较前五字法为精，学者其深思而熟习之可也。

第五节 腕 法

执笔之道：手腕不平，则笔不正，笔既不正，则锋必不中。故初学执笔，首当练习平腕；腕平之法，勿使腕之外边小骨侧欹于案，但使腕面平覆，手眼骨反下欲切案；腕背之上，可置杯水而不倾，则其法已得。于是作字体气丰匀、筋力沉劲矣。故腕法以平腕为最要，学者幸毋忽焉。

第六节 悬 腕

自腕至肘皆虚悬空中而不着案，是为悬腕。陈绎曾曰："悬腕者，悬着空中，最有力。"故作大字必悬腕，腕悬则肩背力出，笔力自能沉劲；且腕不着案，则转动灵活，下笔之际，自然纵横如意，绝无滞机矣。作楷书只须虚掌、转腕，不要悬臂，以气力有限也。行、草书即须悬腕，腕悬则笔势无限矣。作楷书悬腕不必过高，作行、草则虽高无妨也。

第七节 提 腕

提腕者，肘着案而虚提手腕也，作中字用之。赵文敏曰："古人动称'下笔有千仞之势'，此必高提手腕而后能之。"观古人法书，或体雄而不可抑，或势逸而不可止，或如太虚之云，悠然而来，或如大江之波，浩然而逝。萧洒纵横，雄奇跳宕，文敏此言为不虚也。

第八节　枕　腕

以左手枕于右手腕之下而作字，谓之"枕腕"，作小楷字用之。此法始自唐代，以悬腕、动肘，难于作楷，乃以左手枕之，谓之"枕腕"。盖就几则指不宽展，强作悬腕又势多散漫，故作枕腕以为悬腕之渐耳。

第九节　平覆法

解缙曰："拨镫以下，莫若平覆。"此亦晋法，其法：双钩、双挑，平腕、覆掌，实指、虚拳。食指、中指，谓之"双钩"，名指、小指，谓之"双挑"，掌覆故腕平，拳虚故指实，其大较也。

第三章 用 笔

王右军曰："作书之前，宜凝思静虑，预想字形大小、偃仰、平直、振动，则筋脉相连，意在笔前，然后作字。若平直相似，状如算子，上下方整，前后齐平，此不是书，但得其点、画耳！昔钟繇弟子 宋翼尝作是书，繇乃叱之，遂三年不敢见繇，即潜心改迹，及其成也，每作一波，常三过折；每作一点，常隐锋而为之；每作一横画，如列阵之排云；每作一戈，如百钧之弩发；每作一点，如危峰之坠石；每作一曲，屈折如刚钩；每作一牵，如万岁之枯藤；每作一放纵，如足行之趋骤。状如惊蛇之透水，激楚浪以成文；似逸虬之翔云，集重阳而行缓；其用笔之妙有如是者！"

用笔之法复有数势：藏锋者大（藏锋在腹内起），侧笔者乏（亦不宜抽细而且紧），押笔者入（从腹起而押之，取其老劲），结笔者撮（如绳之结物，渐次相就而自不疏散），憩笔者俟失（"憩"，"息"也。凡书斜、侧相等，如布武之状；兹则斜胜其侧，如人欲行、欲止，足不向前也），息笔者逼逐（息止之势向上久久而紧抽也），蹙笔者将（"将"，渐进也。蹙笔者，八边点、画蹙聚也），战笔者合（布局如布阵，笔势自相抵敌也），厥笔者成机（"厥"与"撅"同，发石也。一落最难得势，过刚、过柔，皆病也。良弩则徐来而急往，发石则重势而轻举，非得力者不知也），带笔者尽（"带"者，回转走入之类。着笔尽势而毫锋反抽也），翻笔者先然（翻转笔势，急而疾也），叠笔者时劣（笔画多者必打叠之，提飞之处，时若不及也），起笔者不下（于腹内举，勿使露笔起止，取势令不失节），打笔者广度（打广而就狭，使快健也）。

用笔有起止，有缓急，有映带，有回环，有轻重，有转折，有虚实，有偏正，有藏锋，有露锋，欲道其详，连篇累牍而不能已；兹唯择其尤要者分条述之，余从略。至若古人所论用笔之法则亦采录一二，以备参考。

第一节　起笔与终笔

唐张怀瓘曰："起笔蹙衄，如峰峦之状，杀笔亦须存结。"此数语已足尽用笔起止之妙矣。大凡作书须笔笔断而后起，盖笔笔皆有起讫也。然行书笔断而后起者易会，草书笔断而后起者难悟。倘从草书会其用笔，则探骊得珠矣。

第二节　藏锋与露锋

用笔有藏锋，有露锋：藏锋以包其气，露锋以纵其神。夫信笔是作书大病；回腕藏锋，则处处留得笔住，始免率直。但不得以模糊为藏锋，用笔须有太阿截铁之意方妙。用笔太露锋芒，则意不持重；深藏圭角，则体不精神；无已则肉胜不如骨胜，多露不如多藏。故藏锋、露锋须各视其所宜而用焉。

第三节　正锋与偏锋

正锋、偏锋之说，古来无之。无论右军不废偏锋，即旭、素草书亦时有一二，苏、黄则全用之，文待诏、祝京兆亦时藉以取态。然则，用偏锋何损耶？若解大绅、马应图辈纵尽出正锋，何救恶扎。东坡所书《赤壁赋》全用正锋，欲透纸背；每波画尽处，隐隐有聚墨痕如黍米，殊非石刻所能传。此虽古人用墨妙处，然非用正锋则不能致也。

第四节 直笔与侧笔

直笔多失力，侧笔则取妍。王羲之书《兰亭》，取妍处时带侧笔。但观秋鹰搏兔，必先于空际盘旋，然后侧翅一掠，翩然下攫。即此可悟作书一味执笔直下，断不能因势取妍也。

第五节 圆笔与方笔

书法之妙全在运笔，该举其要，尽于方圆。操纵极熟，自有巧妙。方用顿笔，圆用提笔；提笔婉而通，顿笔精而密；圆笔者萧散超逸，方笔者凝整沉着；提则筋劲，顿则血融；圆则用抽，方则用挈；圆笔使转用提而以顿挫出之，方笔使转用顿而以提挈出之；圆笔用绞，方笔用翻；圆笔不绞则痿，方笔不翻则滞；圆笔出之险则得劲，方笔出以颇则得骏；提笔如游丝袅空，顿笔如狮狻蹲地；妙处在方圆并用：不方、不圆，亦方、亦圆，或体方而用圆，或用方而体圆，或笔方而章法圆。神而明之，存乎其人矣。

"方笔便于作正书，圆笔便于作行草。"此言其大较，正书无圆笔则无容逸之致，行草无方笔则无雄强之神，则又交相为用也。

第六节 三折法

运笔之际，凡欲右，先左为一折，右往为二折，至尽处收回为三折；一是也。欲下，先上为一折，下往为二折，仍缩回为三折；丨是也。欲左，先右为一折，左拖为二折，临出锋稍停顿为三折；丿是也。

第七节　欧阳询八法

、 如高峰之坠石。　　　乀 似长空之初月。

一 如千里之阵云。　　　亅 如万岁之枯藤。

乙 劲松倒折，落挂石崖。　丿 利剑截断犀象之角牙。

乀 一波常三过笔。　　　𠃌 如万钧之弩发。

第八节　张怀瓘论用笔十法

一、偃仰向背

谓"两字并为一字，须求点画上下、偃仰、离合之势"。

二、阴阳相应

谓"阴为内，阳为外；敛心为阴，展笔为阳；须左右相应"。

三、鳞羽参差

谓"点画编次无使齐平，如鳞羽参差之状"。

四、峰峦起伏

谓"起笔蹙衄如峰峦之状，杀笔亦须存结"。

五、真草偏枯

谓"两字或三字，不得真草合成一字，谓之'偏枯'；须求映带，字势雄媚"。

六、邪正失则

谓"落笔结字，分寸点画之法须依位次"。

七、迟涩飞动

谓"勒锋、磔笔，字须飞动，无凝滞之势"。

八、射空玲珑

谓"行、草用笔不依前后，'射空玲珑'，空中打转玲珑也"。

九、尺寸规度

谓"不可长有余而短不足，须引笔至尽处，则字有凝重之态"。

十、随字变转

谓"如《兰亭》'年'字一笔作垂露，其下'年'字则变悬针。又其间一十八个之字各别有体"。

第九节　智永"永"字八法

丶　（一）点为侧，如鸟翻然侧下。

一　（二）横为勒，如勒马之用缰。

亅　（三）竖为努，用力也。

亅　（四）挑为趯，跳貌与跃同。

丿　（五）左上为策，如策马之用鞭。

丿　（六）左下为掠，如箆之掠发。

永　（七）右上为啄，如鸟之啄物。

永　（八）右下为磔，裂牲谓之"磔"，笔锋开张也。

第十节　笔法名称二种

其一

提　顿后必须提，蹲与驻后亦须提。提者，以笔提起，减于顿之分数及蹲与驻之分数也。又先有落笔，后有提笔；提笔之分数亦看落笔之分数。

转　围法也，有圆转回旋之意。

折　笔锋欲左先右，往右回左也。直画上下亦然。

顿　力注毫端，透入纸背，笔重按下。

挫　顿后以笔略提，使笔锋转动，离于顿处。凡转角及趯用之。又挫有分寸，过则脱节，不及则气促。

蹲　用笔如顿，特不重按。

驻　不可顿，不可蹲，而行笔又疾，不得住，不得迟涩审顾则为驻。凡勒画起止用之。又平捺曲处用之。力聚于指，流于管，注于锋；力透纸背者为顿，力减于顿者为蹲，力到纸即行笔为驻。

　　抢　意与折同。折之分数多，抢之分数少；折之分数实，抢之分数半虚半实；圆蹲直抢，偏蹲侧抢，出锋空抢。空抢者，取折之空势也。笔燥则折，笔湿则抢；笔燥实抢，笔湿空抢。

　　尖　用于承接处。

　　搭　笔锋搭下也。上笔带起下笔，上字带起下字。

　　侧　指法运用，侧势居半；直画尤宜以侧取势。

　　衄　笔既下行又往上也。与回锋不同，回锋用转，衄锋用逆。

其二

　　过　十分疾过。凡字有一主笔，虚舟老人所谓"立柱"是也。笔须平正，他画则错综用意。作楷知此，便不呆板。

　　纵　笔势放开，所谓"大胆落笔"也。学李北海书则知操纵之法。

　　劲　善用纵笔，必以劲取胜。盖纵而能劲则坚实。

　　打　空中落笔。

　　趱趉　初学提活、蹲轻则肉圆，老成提紧、力行则肉趱趉；所谓"如万岁枯藤"也。

　　出锋　运笔之法，斜、正、上、下、平、侧、偃、仰，八面出锋，始筋骨内含，精神外露，风采焕发，奕奕有神。

　　沉着　诸法纯熟，笔无游移，方能沉着。

　　洁净　如皓月流天，无纤云蒙翳也。从颜、柳起手，参以欧、虞，自得之。

　　疾涩　宜疾则疾，不疾则失势；宜涩则涩，不涩则病生；疾徐在心，形体在字；得心应手，妙在笔端。

　　跌宕　熟极而化，方能跌宕。此境不可勉求，若勉强，非浮滑率易，则怪僻无度。

　　丝牵使转　丝牵有形迹，使转无形迹；牵丝为有行之使转，使转乃无形之牵丝。

　　渡　一画方定，即从空际飞渡，以成二画之笔势，乃紧、乃劲。所谓"形见于未画之先，神留于既画之后"也。

留　笔机往矣，要必有以收之；笔锋尽矣，要必有以延之；所以展不尽之情，蓄有余之势也。

第四章　结　构

　　赵松雪曰："结字因时相沿，用笔千古不易。"故结字之法，晋、唐既别，宋元亦殊；要之各有妙处，传述不朽。但晋人尚逸，宋人尚意；俱无绳墨可寻。唯唐人尚法，法则无可隐遁耳。况武德之末，贞观之初，为古今集大成之时；欧、虞以王佐才而精治一技，故三十六条结构之法，大醇而无疵者也。学者于此悉心参习，庶几有成。

欧阳询三十六条结构法

一、排叠

　　"排"者，排之以疏其势。"叠"者，叠之以密其间也。大凡字之笔画多者，必展其大笔而促其小笔。然不言展者，欲其有排特之势；不言促者，欲其字里茂密，如重花、叠叶，笔笔生动，而不见拘苦繁杂之态，则排叠之所以善也。故曰："分间、布白"，谓"点、画各有位置，则密处不犯，而疏处不离"。又曰："调匀点、画"谓"随其字之形体，以调匀其点、画之大小与其长短、疏密"也。

二、避就

　　避密、就疏，避险、就易，避远、就近；欲其彼此映带得宜。如"庐"字上一撇既尖，下一撇不当相同；"府"字一笔向下，一笔向左；"逢"字下"辶"拔出，则上必作点；皆避重叠而就简径也。

三、顶戴

"顶戴"者，如中山、琉球之人戴物而行，又如人高妆、大髻。正看时，欲其上下皆正，使无倾侧之形；旁看时，欲其玲珑松秀，而见结构之巧。如"台""响""营""带"，戴之正势也；高低、轻重、纤毫不偏，便觉字体稳重。"耸""艺""鳌""鹅"，戴之侧势也；长短、疏密，极意作态，便觉字势峭拔。

四、穿插

"穿"者，穿其宽处；"插"者，插其虚处也。如"中"字以竖穿之，"册"字以画穿之，"爽"字以撇穿之，皆穿法也；"曲"字以竖插之，"尔（爾）"字以"乂"插之，"密"字以点、啄插之，皆插法也。八诀所谓"四面停匀，八边具备"者，谓"如此等字左右如一，上下相等，一面破缺，便与三面不称"。笔到处有力，笔不到处有神；则尽善矣。

五、向背

向背，左右之势也。向内者，向也。向外者，背也。一内、一外者，助也。不内、不外者，并也。如"好"字为向，"北"字为背，"腿"字助右，"剔"字助左，"贻""棘"之字并立。

六、偏侧

一字之形大都斜、正、反、侧交错而成，然皆有一笔主其势者。陈绎曾所谓"以一为主，而七面之势倾向之"也。下笔之始，必先审势，势归横、直者正，势归斜、侧、戈、勾者偏。

七、挑撽

直者挑，曲者撽；挑者，取其强劲；撽者，意在虚和。

八、相让

事有相让，则能者展长；地有相让，则要处得势。相让者，让高、就卑，让宽、就窄，让险、就易也。然亦须有相助之意为善。

九、补空

补空，补其空处，使与完处相称，而得四满方正也。又疏势不补，唯密势补之。疏势不补者，谓"其势本疏而不整"。如"少"字之空右，"戈"字之空左；岂可以点、撇补方耶？密势补之者，如智永《千文书》"耻"字，以左画补右；所以完其神理，而调匀其八边也。

十、覆盖

"覆盖"者，如宫室之覆于上也。宫室取其高大，故下面笔画不宜相着，左右笔势意在能容，而覆之尽也。

十一、贴零

"贴零"者，因其下点零碎，易于失势，故拈贴之也。

十二、粘合

合而云"粘"似出勉强；盖为字形支离者言之也。如"庐""狱""轩""砾"等字难于服帖，故用粘合之法；然必存其自然之趣，乃不堕恶札耳。

十三、捷速

用笔之法：先急回，后疾下；如鹰望、鹏逝，信之自然，不得重改。又下笔意如放箭，箭不欲迟，迟则中物不入也。

十四、满不要虚

"园""圃""图""国"等字欲其中间充满，不见空虚；但"园""图"等字虽欲其充满，然中间笔画亦不宜太与外口相逼，使外既失势而中复散漫；如物之破大而不成体裁也。

十五、意连

字有形体不交者，非左右映带，岂能连络。或有点、画散布，笔意相反者，尤须起伏照应，空处连络；使形势不相隔绝，则虽疏而不离也。形断而意连之字，如"之""以""心""小""川""水"等皆是。

十六、覆冒

"覆冒"者，注下之势也。务在停匀，不可偏侧、欹斜也。"云""空"等字如鸟窥胸，若疾侧下，便无含蓄，而失覆冒之象矣。凡字之上大者必覆冒其下，如"雨"头"穴"头"宀""鹜"头之类是也。

十七、垂曳

"垂"者，垂左；"曳"者，曳右也。皆展一笔以疏宕之，使不拘挛也。凡字左缩者右垂，右缩者左曳，亦势所当然也。

十八、借换

如《醴泉铭》"秘"字，就"示"字右点作"必"字左点，此借换也。

十九、增减

字之有难结体者，或因笔画少而增添，或因笔画多而减省；如"新"之为"新"，增也；"曹"之为"曺"，减也。

二十、应副

"应副"者，以此副彼，以彼应此；遥相准也。点、画稀少者，以映带为应副；"之""小""以""川"等是也。茂密者，一画对一画；"龙""诗""仇""转"等是也。

二十一、撑拄

字之独立者，必得撑拄，然后劲健可观；如"丁""予""可""下""巾"等是也。

二十二、朝揖

"朝揖"者，偏旁凑合之字也。一字之美，偏旁凑成；分拆看时，各自成美；故朝有朝之美，揖有揖之美；正如百物之状，活动圆备，各各自足；合而成字，众美具也。

二十三、救应

凡作一字，意中先已构一完成字样，跃跃在纸矣。及下笔时，仍复一笔顾一笔，失势者救之，伏势者应之；自一笔至十笔、二十笔，笔笔回顾，无一懈笔者是也。

二十四、附丽

"附"者，立一为正，而以其一为附也。凡附丽者正势既欲其端凝，而旁附欲其有态；或婉转而流动，或拖沓而偃蹇，或作势而趋先，或迟疑而托后；要相体以立势，并因地以制宜；不可拘也。

二十五、回抱

"回抱"者，回锋向内，转笔勾抱也。太宽则散漫而无归，太紧则逼窄而不可以容物；使其宛转勾环，如抱冲和之气，则笔势浑脱矣。

二十六、包裹

谓如园圃打圈之类，四围包裹也。"尚""向"上包下，"幽""凶"下包上，"匮""匡"左包右，"旬""匈"右包左之类是也。包裹之势要以端方而得流利为贵。

二十七、小成大

字之大体犹屋之有墙壁也。墙壁既毁，安问纱窗、绣户，此以大成小之势不可不知。然亦有极小之处而全体结束在此者，设或一点失所，则若美人之病一目；一画失势，则如壮士之折一股，此以小成大之势，更不可不知。

二十八、小、大成形

谓"小字、大字各有形势"也。东坡曰："大字难于结密而无间，小字难于宽绰而有余"。若能大字结密，小字宽绰，则尽善尽美矣。

二十九、小大与大小

谓"大字促令小，小字放令大，自然宽猛得宜"也。或曰："谓上小、下大，上大、下小，欲其相称"，亦一说也。

三十、各自成形

凡写字，欲其合为一字亦好，分而异体亦好；由其能各自成形故也。

三十一、相管领

以上管下之为"管"，以前领后之为"领"；由一笔而至全字，彼此顾盼，不失位置；由一字以至全篇，其气势能管束到底也。

三十二、应接

"应接"者，错举一字而言也。如上字作如何体段，此字便当如何应接；右行作如何体段，此字更当如何应接；假使上字连用大捺，则用翻点以接之；右行连用大撇，则用轻掠以应之；行行相向，字字相承，俱有意态；正如宾朋杂作，交相应接也。

三十三、襦

学欧书者易于作字狭长，故此法欲其结束整齐，收敛紧密，排叠次第，则有老气；此所以贵为褊也。

三十四、左小、右大

左小、右大，左荣、右枯，皆执笔偏右之故。大抵作书须结体平正，若蹙左、宽右，书之病也。

三十五、左高、右低，左短、右长

二者皆字之病。凡作横画必两头均平，不可犯此二病。

三十六、却好

诸篇结构之法，不过求其却好。疏密却好，排叠是也。远近却好，避就是也。上势却好，顶戴、覆冒、覆盖是也。下势却好，贴零、垂曳、撑拄是也。对代者分亦有情，向背、朝揖、相让，各自成形之却好也。联络者交而不犯，粘合、意连、应副、附丽、应接之却好也。实则串插，虚则管领；合则救应，离则成形；因乎其所本然者而却好也。互换其大体，增减其小节；移实以补虚，借彼以益此；易乎其所同然者而却好也。揾者屈己以和，抱者虚中以待；谦之所以却好也。包者外张其势，满者内固其体；盈之所以却好也。褊者紧密，偏者偏侧，捷者捷速，合用时便非弊病。笔有大、小，体有大、小，书有大、小，安置处更饶区分。故明结构之法，方得字体却好也。

第五章 习 字

习字必在早起，早起得气之清，神志敏爽，不落昏惰；若于灯下习字，则殊非所宜。

纸、墨、笔、砚之选择，碑、帖之取合，姿势之正确，临帖之方法，皆与习字有关而为学者所当知。故特分条详述之。

第一节 选 纸

初学习字，纸质不妨稍劣，宁粗而不宜纯细，宁毛而不宜光泽，宁稍黄糙而不必白滑；因练习之时，当取其难，于稍粗劣之纸面，日日练习，以达于成，则他日遇纯细光泽之纸，只觉易写而决不虞其难。至习之既久，进习小楷，则方可用稍细且薄之纸，然亦终不宜过于光滑细泽也。或有用水油纸者，不过初影写时偶用之耳。至于外国纸，如有光纸、靠背纸等，尤不宜用。总之，习小楷则宜用毛边、竹帘、白关等纸，习大字则宜用浅黄色之七都纸也。

第二节 选 毫

初学用笔，大字宜羊毫，行、草宜长锋羊毫，小楷则世多用紫毫及兼毫；然终以能用小羊毫炼成者为可贵。若水笔则不过商店写账所用，盖取其能速写而省墨也；正当习字者不宜用之。唯初用羊毫时，每苦其肥钝难写，手不能自主；则购笔时先选取其锋薄者，用之三数月，乃渐购其锋稍厚者，人后始购其锋齐饱满者，是亦于难中求易之一法也。

第三节　选　墨

墨质大有高、下，总以胶重者为劣。其品类有松烟墨及寻常所用之胶墨二种：松烟色乌黑无胶，然写时反粘涩难化，平、津人最喜用之，以为高贵；实则黯无光泽，且着水易渗化，学者殊不必用。胶墨以质细而轻、上砚无声者为佳。

磨墨须浓、淡得中，过浓者滞笔，过淡则字无神采也。磨时用力要轻而缓。语云："磨墨如病夫，握笔如壮士"；学者宜留意也。

第四节　安　砚

砚与习字初无关系，然墨汁由砚磨出，故砚亦为习字者所当注意。必求其坚细，古瓦最佳，石者次之。至于砚之位置亦有一定，必置于书桌之前方偏右角上方称；盖既便于磨蘸，又不致有坠墨、污纸之虞。

第五节　正姿势

初学习字，第一须自注意，常矫正其姿势。凡作书坐宜端稳，体正、肩平，不许任意欹斜侧坐。据案宜胸张、背直，左手按纸，右手执笔，相会成直角，头稍前偃，胸部与案距离约二寸许；不许驼背、伛胸，低头伏案如瞌睡状，及头左侧作鸡视状。苟不矫正，则肩背弯斜，胸部促压；久之，恐目光短视而背脊高耸如驼背矣。

第六节　临、摹

　　岳珂曰："临、摹两法本不相同：摹帖如梓人作室；梁、栌、榱、桷，虽具准绳，而缔创既成，气象自有工拙。临帖如双鸿并翔：青天浮云，浩荡万里，各遂其所至而息焉。"

　　摹书所以节度其手，易于成就，须将古人名笔置之几案，悬之座右，朝夕谛观，思其用笔之理，然后可以摹、临；其次双钩蜡本，须精意摹拓，乃不失位置之美耳。

　　临书易失古人位置，而多得古人笔意；摹书易得古人位置，而多失古人笔意。临书易进，摹书易忘；经意与不经意也。夫临、摹之际，毫发失真则神情顿异，所贵详谨。世有《兰亭》何啻数百本，而以定武石刻为最佳。然定武本亦有数样。试取诸本参之，其位置长短、大小固无少异，而肥瘠、刚柔、工拙之处则如人之面，无有同者；此知定武虽石刻，又未必得真迹之风神也。故吾人临、摹碑、帖当择其未失真者。

　　学书以摹仿为先，可取古人著名碑、帖二三种，选出若干字，用薄纸双钩，填作黑字，裱成影本，以为摹印之用。唯双钩之法，须墨晕不出字外，或郭填其内（"郭填"者，双钩其郭，乃以墨填其中也），或朱其背（"朱背"者，以古帖字暗，故朱字之背面，使正面显露也），须得肥瘦之本体为妙。或云："双钩时须倒置之，则无容私意于其间。"诚使下本明、上纸薄，倒钩何害；若下本晦、上纸厚，则倒钩必失真态。夫锋芒、圭角，字之精神；故欲求其真，当用朱背之法也。

　　康南海曰："学书必先摹仿，不得古人形质，无自得其性情也。故欲临帖，必先使之摹仿数百过，使转运立笔尽肖，然后可以临帖。"

第七节　少数字之熟习

李日华曰："学书当择古人百余字成片段者，并其行间布白而学之。"此诚至妙之论也。故不论学碑、学帖，只须挑选若干字，详审其间架结构（间架之用，欲其平正卓立，稳固而不倚。结构之意，欲其团结紧凑，疏密均有致。盖一以立骨干，一以取局势也），熟习其行间布白（"布白"者，即注意其着墨处与空白处之黑白配置，而或使之相间匀称，或使之疏密相错也）。久而久之，运笔自然纯熟，则随意作书，其位置笔意固可无丝毫异于碑帖之处，即点、画之微亦无不逼肖矣。故学碑、学帖，只须熟习少数之字，尽得其间架、布白之法可已，正不必字字临摹也。

第八节　博　览

临帖尤宜博览。"博览"者，使之酝酿、融化，使之见多识广，更取各家之长，冶于一炉，使字体得臻至善至美之境也。康南海引扬子云语曰："能观千剑而后能剑，能读千赋而后能赋；亦欲使所见广博，以通源流，以熟体变，而能自取师资也。"

附录一　历代书家小传

导　言

古人之法书、名画，犹之嘉木、奇花也，而书尤为我国特有之美术。数千年来，字形递变，字体各别；名大家先后相望，或喜端凝，或尚秀润，或以奔放为贵，或以收敛见长；姿态不一，意趣横生；观其笔力遒劲，风神秀逸；偶一瞻对，使人飘然有出尘之想。夫戴履之间，嘉木、奇花伙矣！人苟不知其品名号性质，则其爱玩之情不笃。故世有本草家者检索其名目，讨究其性质，笔之于书。爱花木者园艺而盆栽之，以求其繁殖；于是佳者益佳，奇者益奇。唯书亦然，今有名迹于此，魄力、意态颇为超凡；而不知其出于谁何之手，或虽知而不详其身世；则爱玩之情亦自不切。世有好古家者检索书者之名字，寻究其人品、履历；由此或考其书派之所自起，书法之所从来。则爱好之心愈切，而其身价亦倍增矣。爰于编末，附载《历代书家小传》，古欲以引起后学崇拜之心思，亦足以备参考也。日人近藤元粹著《书画名家详传》，搜罗名大家达二万六千七百余人之多。是篇所载，仅得大凡，读者鉴之。

仓　颉

黄帝时左史官也。仰观云霞之象，俯察鸟兽之迹；体类象形而制字，以代结绳之政。即后世所谓古文是也。

史　籀

周宣王时太史。就仓颉古文之体而损益之。《汉书·艺文志》

周宣王太史籀作《大篆》十五篇是也。

李 斯

楚之上蔡人，从荀卿学。西入秦，始皇并天下，以斯为丞相。其时天下文书习用大篆，多不能通，于是斯乃削其繁冗，归于简约；成小篆体，通行天下。凡名山碑刻以及铜符、玉玺之文皆属之斯。成《仓颉篇》七篇。

今世通行之细篆书体皆由斯体摹写而来。秦代碑文率皆用之。

始皇并吞六国，斯乃奏罢天下之文与秦异者而划一之。其笔法如锥画石，体势飞动，为楷隶不二法门。近世所藏钟鼎款识符印之文犹能见之。

程 邈

程邈字元岑，下邳人。为县之狱吏，得罪始皇系于云阳狱中，覃思十年，损益大、小篆方员之笔法，成隶书三千字；始皇善之，用为御史，以其字便于官狱隶人佐书，故曰"隶书"。然《汉书·艺文志》谓"始皇时邈所作者乃篆书"。唐杜光亦谓"隶书实起于周代，非邈所创也"。

王次仲

秦之上谷人。弱冠时，变仓颉旧文作隶书。其时官务繁多，次仲之文则简易，便于速写。始皇召之，不至，帝怒，槛送之；中途化为大鸟飞去。

次仲以楷字格势局促，引而伸之，亦称八分书。

扬 雄

字子云，西蜀成都人。年四十余游京师，以词赋奏之，除黄门给事郎。历事三朝，未尝徙官，王莽时拜为大夫。性嗜酒，喜作奇字。平帝元始中，征天下通小学者集庭中，各记奇文百字。雄因取而编之，成《训纂篇》以续仓颉，去《仓颉篇》中之重复者，凡八十九章。

曹　喜

字仲则，扶风平陵人。章帝建初年中，为秘书郎，以工篆、隶书名天下。见李斯笔势，辄惊叹。作《笔论》一卷。

杜　度

字伯度，京兆杜陵人，章帝时为齐相，善章草。建初中，帝善其书，许以草书奏事。以其用于章奏，后世因谓为章草，时有草圣之目。

崔　瑗

字子玉，涿郡安平人。著《草书势》，善章草，师杜度之体，点画调达流畅，王隐称为"草贤"。又妙擅小篆，作《平子碑》。《唐书·艺文志》称"崔瑗撰《飞龙篇》及《篆草势》三卷"。

许　慎

字叔重，汝南召陵人。自少称博学，时号五经无双，著《说文解字》十四篇。

张　芝

字伯英，敦煌渊泉人，后徙属弘农华阴，与弟旭共以草书名。伯英变崔、杜之法而作今体草书，一笔联贯而成，不稍隔断。以书格论之，固在二王之次，然一笔书成之飞白实自此创始。芝家中衣帛必先书而后练之。临池学书，池水尽黑，故下笔辄合楷则。

张　昶

字文舒，伯英之弟，尤善章草。其书类似伯英，时人称为"草书亚圣"。又妙擅八分隶书，《华岳庙祠堂碑》即其所书也。

蔡 邕

字伯喈，陈留圉人也。灵帝熹平四年（175）奏求正定六经文字，诏许之。邕乃自书勒石，立于太学门外。当其建立之始，乘车来观览、摹写者日千余人，填塞街衢。封高阳乡侯。著《篆势论》。邕无子，有女文姬，嗣其家学。尝曰："臣父造八分，其笔法得之神授。"盖邕初人嵩山学书，石室中得素书，八角垂芒。作书法史籀、李斯之笔势。诵读三年，遂通其理。一日，方卧室中，恍然有客入，状貌魁梧，授以九势，从此书法大进。奉诏李斯、曹喜及古今诸体书成《圣皇篇》，诣鸿都门；时方修饰，见役人以垩帚成字，心悦之，因归而作飞白书。熹平四年诏以蔡邕、堂谿典、杨赐、马日磾、张驯、韩说、单飏等正定六经文字。

师宜官

南阳人。灵帝好书，征天下工书之士数百人，集鸿都门，宜官兴焉。作八分书千言，大者径丈，小者方寸，甚矜其能。嗜酒使气，尝空囊至酒家，就壁作书求售，观者云集因而沽酒，多售辄铲去之。袁术为将，立巨鹿《耿球碑》，即其所书也。

梁 鹄

字孟皇，安定乌氏人。以善八分知名于时。灵帝鸿都之召，孟皇与焉。宜官作书，成后，辄铲削或焚去。鹄尝俟其醉，窃其所作。以书为选部尚书。后依刘表，魏武破荆州，爱其书，尝仰系帐中玩之，以为胜于宜官，宫殿题榜多出鹄手。

左 伯

字子邑，东莱人。特工八分，与毛弘齐名。又善造纸，汉兴，以纸代简。和帝时，蔡伦始制纸，子邑妙得其法。

蔡 琰

字文姬，蔡邕之女。博学多才辨，妙通音律。献帝兴平间，被捕入南匈奴。曹操赎之回，问曰："闻夫人家多藏典籍，今尚存否？"文姬曰："昔亡父有赐书四千余卷，妾尚能忆诵四百余篇。"操曰："当令吏十人就夫人所忆而录存之。"文姬曰："男女有别，礼不亲授；乞给纸笔，真草唯命。"于是缮就呈交，无有遗误。

钟　繇

字元常，颍川长社人也。以功封定陵侯，官至太傅，卒谥成侯。繇少与胡昭并师刘德昇，十六年未尝窥户。尝谓其子会曰："吾精思书学三十年，坐与人语，以指就座边数步之地书之；卧则书于寝具，具为之穿。"尝于韦诞坐中，见蔡邕笔法，苦求授与，不得，到于槌胸吐血；曹操以五灵丹救之，始苏。诞死，繇发其冢，盗得之。其书分三体，一曰："铭石书"（正书），最妙。二曰："章程书"（八分），秘传教小学者。三曰："行书"，尺牍所用。三体皆善，而行书尤为世所称。

宋　翼

钟繇弟子，尝作书如算子，繇叱之，三年不敢见。晋武帝太康间，许下人，发钟繇冢，得《笔势论》，读之，书法乃大进。每画一波三折笔，作一戈如百钧弩发，作一点如高峰堕石，作一牵如百岁枯藤；于是声名大振。

邯郸淳

一名竺，字子叔，颍川人。善许氏苍雅虫篆之学。献帝初平中，从三辅客荆州，曹操甚敬礼之。文帝黄初初年（220），授博士给事中。淳师事曹喜，八体悉工，尤精古文、大篆、八分隶书。自杜林、卫宏而后，古文之学泯绝，至淳始复兴。其后以书学教诸皇子，又建立《三体石经》，于是文化蔚焕复宣。校三体《说文》，与篆隶大同，古文小异。

卫 觊

字伯儒，河东安邑人。汉末为司空掾，魏既建国，徙侍中尚书。明帝即位，进封阌乡侯。好古文、鸟篆、隶、草，无所不善。古文之学从邯郸出，尝效淳体，作古文《尚书》，还以示淳，淳不能辨也。

韦 诞

字仲将，太仆端子也。善属辞章，建安中，拜郎中，累进至光禄大夫。初明帝太和间，为武都太守，以能书留补侍中，魏氏题品碑铭，多诞所书。诞与姜翊、梁宣、田彦和皆张伯英弟子，并能草书，而诞尤工。又善楷书，南宫既建，明帝以诞书古篆。诞诸书并善，尤精题署。时明帝造凌云台初成，匠人误先上榜，属诞书之，辘轳引上，去地二十五丈，比讫，须发尽白。又善制笔、墨，世称"仲将之墨，一点如漆"。有《笔经》。

皇 象

字休明，广陵江都人。幼工书，时张超、陈梁甫并以书名，而有"陈瘦、张峻"之恨，象斟酌其间，甚得其妙。一时善书者莫能及之，时与严武之棋、曹不兴之画共称三绝。官至侍中。工章草，师杜度。右军隶书，万字皆别；休明章草，万字皆同；各极其至，唯八分亚于蔡邕耳！所书《天发神谶碑》体势本之汉隶，而纯朴之处，雅有三代遗意。羊欣称"象善草书"，张怀瓘则推其小篆入能品，独未称其善隶书者，或此碑后出土，前人未及见耳。历代能书之士，多作急就章，今唯有一本传世，即象所作也。

卫 瓘

字伯玉，觊子也。仕魏，封菑阳侯。太康初，进司空，录尚书事，领太子少傅，谥成。瓘学问渊博，通达文义，与索靖共善草书，时有"一台二妙"之称。论者谓"瓘得伯英之筋，靖得其肉"。草法伯英，又承家学，更参以稿草。其作柳叶篆，类薤叶之形，笔势明劲，少有能学之者。

卫　恒

字巨山，瓘子也。善草隶书，作《四体书势论》。其父瓘尝曰："吾书得伯英之筋，恒得其骨。"获汲冢古文，论楚事者最妙，常把玩不释。祖述飞白，作散隶，隶体微开张白露，飞白拘束，隶书潇洒。又作云书，飞动如飞，字张如云。卫氏盖即垂云之祖。

索　靖

字幼安，敦煌人。与卫瓘共以善草知名。惠帝即位，赐爵关内侯。靖为张伯英姊之孙，故学其章草，其险劲过于韦诞，八分亚于韦、钟，有《毋丘兴碑》传世。嗣伯英草书之名。其书矜贵，有银钩虿尾之势。

王　导

字茂弘，光禄大夫览之孙。元帝为琅邪王时，以导为安东司马，及即位，封武冈侯，旋进太傅，拜丞相，卒谥文献。导行草兼妙，元帝、明帝皆工书，极叹服之。作字善抚模前人，初师钟繇力学不倦，过江，携《宣示帖》与俱。

郗　愔

字方回，拜司空，谥文穆。诸体皆善，齐名庾翼。遵卫氏法，长于章草，纤肥得中，意态无穷，可谓"筋骨悉称"。王僧虔曰："方回章草在右军之亚耳！"

王　廙

字世将，导从弟，元帝姨弟也。少能属文，工诗、画，善音乐、射、御、博、弈诸杂技。元帝时，累迁平南将军，封武陵县侯，卒谥康。晋渡江而后，右军以前之书家，当以世将为最。章、楷绍法钟太傅，又工草隶、飞白，祖述张、卫遗法，飞白气尤高古，时人以为仅亚于右军。尝得索靖书七月二十六日书一纸，宝玩不释，怀帝永嘉之难，四叠衣中，携以渡江，今犹可审其痕迹云。

王羲之

字逸少，司徒导之从子。隶书之妙，冠绝古今。为右军将军，会稽内史。尝宴集同僚于会稽山阴之兰亭，自作序文书之，即有名之《兰亭序》也。山阴有道士养鹅，右军见而悦之，因为书《道德经》，笼鹅以归。诣门生家，见棐几清净，因书之，后为其父所削去，门生惊恼累日。蕺山有老姥，持六角竹扇求售，羲之书其扇，各五字，曰："但言以百钱求王右军书。"人竞买之，其书为世所重如此。常自谓"吾书比之钟繇，钟当抗行；草书比之张芝，犹当雁行耳"。尝与人书云："张芝临池学书，池水尽黑；假令寡人耽之若此，未必后之"，初不胜庾翼、郗愔，暮年方妙。常作章草以答庾亮，亮弟翼甚叹服。作书复之云"昔伯英章草十纸，过江亡失，常叹妙迹永绝；忽见足下答家兄书，焕如神明，顿还旧观"。卒赠金紫光禄大夫，诸子遵遗旨，卒辞不受。羲之少学书卫夫人，谓将大成；（《笔势传》云："羲之学三年，日进十二功"，卫夫人见太常王策，语曰："此小儿必见用笔诀，近顷观其书，便智若老成。"因流涕曰："此子必蔽吾书名。"）及北渡江，游名山，见李斯、曹喜书；又之许下，见钟繇、梁鹄书；之洛下，见蔡邕石经；又于从兄洽处，见张昶《华岳碑》；始知学卫夫人书，徒费年月，遂改本师，学习众碑。晋成帝时，北郊更祝版，工人削羲之之笔，入木七分。羲之善草隶、八分、飞白、章、行诸体，精备自成家法，得千变万化之神，书林圣手也。

王献之

字子敬，羲之第七子。工草隶，七八岁时学书，羲之自后掣其笔不得，叹曰："此儿后当复有大名。"尝书壁为方丈大字，羲之甚以为能，观者数百人。大元中新起太极殿，谢安欲献之题榜，以为万代之宝，而难于言；因试谓曰："魏时凌云殿之榜，韦仲将诞悬梯书之。"献之正色曰："仲将，魏之大臣；宁有此事。使其若此，有以知魏德之衰。"安遂不迫之。安又问曰："君书何如君家尊？"答曰："固当不同。"安曰："外论不尔。"答曰："人那得知。"寻除建威将军，吴兴太守，征拜中书，特赠侍中光禄大夫，卒谥曰"宪"。献之初学其父，后改变制度，别创新法；率尔操觚，算合规矩。羲、献书法，世谓之"今草"；结构微妙，亦谓之"小草""游丝草"。白献之变右军法为今体，字画娟秀，妙绝时伦。谢奉起庙，悉用棺材；右军取棺，书之满床，奉收得一大簀。子敬后往，奉为言"右军书法大佳"，而密以数十榱板请削作子敬书，亦甚合；奉并珍藏之。至其孙履分半赠与桓玄，因得为主簿。有一年少好事者故作精白纱裓狂走，左右追逐；至门外，斗争分裂，才各得其半耳。

王羲之代书人

陶弘景答梁武帝启曰："王羲之代书未详其姓氏。逸少罢官，告灵不仕以后，略不复自书，皆使此一人。"世人不能别，见其缓异，呼为"末年书"。子敬年十七八，全仿此人书，故遂成，与之相似。

张　翼

字君祖，下邳人，官至东海太守。善隶、草，翼正书学钟繇，草书学羲之，皆极精妙。右军尝作自表书，晋穆帝命翼题其后答之；右军当时不能识别，良久始悟，曰："小子几欲乱真耳！"

谢　安

字安石，善行书，封建昌县，拜太保，追赠太傅，谥文靖。草、正书学右军。右军云："卿，解书者。然知解书者尤难。"安甚重献之书，每见其书，辄就纸题其后。

桓　温

字元子，宣城太守彝之子。穆帝升平年间改封南郡公，又加侍中大司马。太和四年（369）领平北将军，徐、兖二州刺史，追赠丞相。温之真迹传世者甚少，然颇长于行、草，笔力遒劲，有王、谢之余韵焉。

桓　玄

字敬道，一名灵宝，大司马温之庶子。元兴二年（403）诈上表请平姚兴，初欲装饰，冀免处分；先以轻舸载服玩及书画等物。常曰："书画、服玩宜恒置左右，万一有意外，当轻易运载。"众咸笑之。玄性贪鄙，好奇异。他人有法书、名画，悉欲归己。极爱羲之父子书法，各置一帙于左右，时展玩之。其所爱重之书画，每宴集，辄出以示宾客。客有食油渍者，以手揭之，辄留污点；其后出以示人，每先令客洗净，然后揭之。

卫夫人

名铄，字茂漪，晋汝阴太守李矩之妻。善书，正书妙入能品，王右军之师也。或谓钟繇笔法传卫夫人，卫夫人传王羲之。

卢　偃

谌第四子也。博学，以隶书名世。仕慕容晔为给事黄门侍郎，守营丘、成周二郡。

崔　潜

悦之子。仕慕容晔为黄门侍郎，延昌初为著作郎。王遵业买得其书，甚秘藏之。武平年间，姚元标以工书知名，见潜书，以为胜于崔浩。

谢灵运

陈郡阳夏人，袭封康乐公。诗书皆妙绝时人，文成辄手写之；

文帝称为二宝。后为永嘉太守，临川内史。族众若谢混、谢瞻皆负盛名，瞻尝作《喜霁诗》，混和咏而灵运书成，太保王弘以为三绝。献之所上表多中书省杂事，灵运尝密写之，以易真本，人多疑之。元嘉初，文帝追索，始复前陈。其母为献之之侄，故渊源有自，真、草学羲之至妙，草书尤为世所推。

羊　欣

字敬元，泰山南城人。泛览经籍，尤长隶书。年十二，献之见而爱之。尝于夏时着新绢裙昼寝，献之因书裙数幅以去。欣本工书，至是弥善。会稽王世子元显属书扇，不奉命。除中散大夫。素好黄老，手一卷不辍。欣师法大令，亲承妙旨，故书名重一时，行书尤善。时人谓："易王得羊，不失所望。"尝撰《续笔阵图》一卷，又撰《古今能书人名》一卷。

肖思话

南兰陵人，孝懿皇后弟之子。工隶书，善弹琴。后拜郢州刺史，赠征西将军，开府仪同立司，谥穆侯。思话之书风流媚好，不减羊欣，恨笔力稍弱耳。世称"思话书学羊欣之体势，上方孔琳则不足，下方范晔则有余"。

范　晔

字蔚宗，顺阳人。少好学，善为文章，能隶书，晓音律。累迁左卫将军、太子詹事。及后入狱，帝以白团扇甚佳，送晔书诗赋美句；晔受旨援笔书曰："白日去炤炤，长夜袭悠悠。"帝循览凄然。晔自序曰："吾书虽笔势峻快，竟未成就，每用自愧。"晔与思话同师羊欣，后少失故步。其书工草隶而小篆最精。故世称"羊欣之真、孔琳之草、思话之行、范晔之篆，各妙绝一时"。

丘道护

乌程人，善隶书。

巢尚之

字仲远，鲁郡人。文帝元嘉年间与始兴王浚官侍读。

孙奉伯

官淮南太守，与巢尚之、徐希秀同奉诏编辑二王书简，施以品评。

虞 和

尝上表明帝，论列古今妙迹，凡正、行、草、楷、纸色、标轴真伪、卷数，备列其中。表本真迹行世。为起居合人李造所得。著有《法书目录》六卷。

郑道昭

北魏荥阳人，兖州刺史羲之子。仕魏为光州刺史，自号中岳先生。工书，初不甚著，迨至清代嘉庆之际，云峰山诸石刻发见于世，当时书家包世臣、张琦、吴熙载等极推重之，遂为习北碑者所宗尚。世臣谓："其书原本乙瑛，而有海鸥云鹤之致；即《刁惠公碑》《郑文公碑》、石峪大字佛经疑亦为其所书。"杨守敬亦曰："道昭诸碑遒劲奇伟，与南朝之《瘗鹤铭》异曲同工，擘窠大字此为极则。"

王僧虔

琅邪临沂人。善隶书，宋文帝见其所书素扇，叹曰："审其笔迹虽无逾子敬，而雅量过之。"孝武帝擅长书道，独推重僧虔。作书喜用秃笔而雅有逸趣。明帝泰始中，出为吴兴太守。王献之亦曾作令吴兴，后先辉映，论者称之。齐太祖亦善书，尝问僧虔曰："朕与卿书，谁为第一？"僧虔曰："臣书人臣第一，陛下书帝王第一。"帝笑曰："卿可谓善自为谋者矣！"因示以古迹十一帖，于是僧虔乃将民间所有，帙中所无者，得十二卷卷之。又羊欣所撰《能书人名》寻索未得，乃别录一卷以上之。世祖即位，迁侍中左光禄大夫，开府仪同三司，赠司空，谥简穆。著有诗赋传世。昇明二年（478）为尚书令。尝为飞白书题壁，当时以比《座右铭》。尝为让表，辞制既雅，笔迹又丽；时人以比王子敬。

张　融

字思光，畅子也；吴郡吴县人。善草书，常自夸其能。齐高帝奇爱之，尝曰："此人不可无一，不可有二。"迁司徒左长史。庾元威尝曰："融书兼众体而草最工。齐、梁之际，殆无有过之者。"后人见其浑朴古雅，多误为后汉张伯英所书。

叶子云

字景乔，齐豫章文献王嶷之子。善草隶，为时楷法。自云："取法钟元常、王逸少而体格微殊。"其书迹雅为武帝所重，帝尝评其书："笔力劲骏，心手相应；巧逾杜度，美过崔实；当与元常并驰争光。"其见赏如此。出为东阳太守，百济国人尝至建业求书，子云方之郡治，维舟将发，适相逢使人于渚次。望船三十步许，拜行而前。子云问之，答曰："侍中尺牍美流海外，今日唯求名迹所在。"子云乃停舟三日，书三十纸与之，得金数百万。性鄙吝，非佳纸与厚润不书，好书者赍重币以求之，太清元年（547），复为侍中，国子祭酒。梁武帝大通元年（527），铸鼎埋之蒋山，文曰"大通真书"，又铸一鼎，书《老子》五千言，沉之九江，并子云所书。草、行小篆诸体兼善，而飞白书尤为意趣飘然。武帝尝曰："献之白而不飞，卿书则飞而不白；斟酌二者，斯为尽善。"子云乃参以篆意为之，雅称帝意。尝飞白大书萧字，李约得之，建一室，曰"萧斋"。欧阳率更云："萧侍中飞白轻浓得中，如蝉翼掩素；笔迹健瘦，紫丝铁索；传者称之。其笔用胎发作心，故纤细无失。"《江南府志》云："南朝老妪善作笔，子云用之，笔心以胎发为之。"著有《五十二体书》一卷。

陶弘景

字通明，丹阳秣陵人。幼禀异操，四五岁时，常以荻作笔，画灰中学书。及长，读书万余卷，善琴、棋，尤工草隶书。性淡泊，不乐仕进。永明十年（492），辞官隐句曲山，自号华阳隐居。其后，世人即以"隐居"名之。梁武帝早岁与之游，即位后，书问不绝，每有大事，辄就咨询。时人称为"山中宰相"。赠大中大夫，谥贞白先生。弘景之书其气骨师法钟、王，与萧子云等各得右军之一体。真书劲利，稍逊欧、虞；隶书入能品，世所传者《画版帖》《瘗鹤铭》皆其遗迹。

徐僧权

东海人。仕梁至东宫通事舍人，以善书知名于世。

庾肩吾

字慎之。八岁能诗赋，初为晋安王常侍，被命与刘孝威等抄撰众籍，号高斋学士。累迁太子率更令，中庶子。简文帝即位，为度支尚书。后为侯景所得，将杀之，因谓曰："闻汝能作诗，试作之；若能，即贷汝命。"肩吾操笔便成，辞采甚美；乃释之。为建昌令，卒封武康县侯。著有《书品论》。

江　总

字总持，济阳考城人。后主祯明三年（589），进号权中将军。入隋，仕至开府。作行草书，时称独步。又词翰兼妙，为时所称。

释智永

右军七世孙，徽之之后。与兄孝宾俱舍家入道，号永禅师。常居永欣寺阁上，临池学书；每有秃笔，辄置笔中，久之，五笔皆满。学书三十年，作《真草千字文》八百本，凡浙东诸寺各置一册，故至今犹有多册传世。所居寺因往来请书之人甚多，门庭如市，户穴为穿；乃将所居之扉，以铁叶裹之，谓之"铁门限"。又取笔头瘗之，号退笔冢，自制铭词。永远祖逸少，历纪专精，诸体兼善，草书最优。

江　式

字法安。少专家学，尤工篆体。洛阳宫殿诸门题款皆式所书。延昌（梁天监年间）之际，上表请撰集《古今文字》四十卷，大体本之许氏《说文》，上篆下隶。正光间，兼著作郎，赠巴州刺史。

丁道护

官至襄州祭酒从事。善正书兼师后魏遗法。隋、唐之交，善书者多出一门，唯道护诸体兼善，含英撷华。所书以《襄阳启法兴国寺碑》为最精，欧、虞多从此出。北方风尚质朴，即学术亦然，道护隶书有之。

释智果

会稽人。居永兴寺，炀帝甚喜之。工书铭石，智永尝谓之曰："和尚得右军之肉，果得右军之骨。"隶、行、草皆入能品。

唐太宗

名世民，高祖次子。为人聪明英武，少有大志，谥曰"文帝"。于右军书法，特加眷赏。贞观之初，下诏购求，搜罗殆尽。万机之暇，备加玩赏；《兰亭》《乐毅》尤所宝贵。十四年（640）四月，带自作真、草书屏风以示群臣，笔力遒劲，为一时之冠。十八年（644）二月，召三品以上宴赐玄武门，帝操笔作飞白书，群臣乘醉，就帝手中竞取之。散骑常侍刘洎登御床争取，乃得；群臣以为大不敬，请付以法；帝笑而释之。帝尝谓司徒长孙无忌、吏部尚书杨师道曰："相传旧俗朔旦，必用衣物相贺。嗣后卿等可各以飞白代之。"真书传世者《晋祠铭》《温泉铭》为最著。贞观十七年（643），丞相魏徵薨，帝亲制碑文并为书石，太和中，宋国公李令问孙芳至阙，以高祖、太宗所赐卫国公靖官告及敕书手诏等十余卷内有太宗笔迹四卷，因以进呈。太宗留之禁中。属书工摹写，以原本还之。帝尝作《笔法指意》《笔意三说》以训学者，又传赞王羲之《字学论》。

虞世南

字伯施，越州余姚人；性沉静寡欲，笃志好学；善属文，学右军书法于同郡沙门智永，能妙得其体要。隋大业初，授秘书郎。太宗引为秦府参军，弘文馆学士。尝命书《列女传》，以装屏风。时适无书，世南乃默诵而书，一字无缺。贞观七年（633），转秘书监，赐爵永兴县子。太宗尝称曰："世南有五绝：一曰：'德行'，二曰：'忠直'，三曰'博学'，四曰：'文词'，五曰：'书翰'。"授银青光禄大夫，谥曰"文献"。太宗学隶，师法世南。常患戈法难工，一日书"戬"字，空其旁，世南取笔填之；以示魏徵，曰："朕学世南书，似其法，卿试览之。"徵曰："天笔所临，万象其能逃形，非臣下所能拟书；唯仰观圣作，以'戬'字戈法，最为逼真。"帝深叹其藻识。世南尝自谓："余尝梦吞笔，又梦张芝指授笔法，方悟作书之道。"世南学书甚勤，夜卧则画腹作书，故晚年尤妙，作《孔子庙堂碑》，以拓本进呈，特赐王羲之黄金印一颗；其见重如此。著有《笔髓论》，学者宗之。

欧阳询

字信本，潭州临湘人。敏悟绝人，贯博经世；仕隋为太常博士。高祖微时与之游；及即位，累擢至给事中。询书初学王羲之，而险劲过之；因自名其体。高丽尝遣使求其书，帝曰："观彼之书，固似形貌魁梧。"尝与世南同行，见索靖所书碑，去数步后，复返而观之，往来数四，乃布席而宿其傍，三宿始去。贞观中，历仕至太子率更令，封渤海县男。询八体兼妙，篆法尤精，飞白尤冠绝古今。真行学王献之，别成一家；草书跌宕流通，虽起二王视之，亦为之色动。尝见右军授献之《指归图》一本，以三百缣购得之，赏玩经月，喜而不寐。

欧阳通

字通师，询子也。仪凤中，累迁至中书合人。天授初，转司礼卿判纳言。幼孤露，母教以父书，惧其不克绍继，尝遣人以重金购求其父之遗迹；通乃刻意临摹，以求售。数年，书与询亚，父子齐名，号"大小欧阳体"。晚年弥自矜重，以狸毛为笔，覆以兔豪，管皆象犀；非其人，辄吝而不与。笔法险劲，嗣其家风。

魏　徵

字玄成，魏州曲成人。少孤，有大志，贯通书史。从李密来京师，擢秘书丞。贞观中，为侍中，进郑国公，特拜知门下省事，进太师，谥曰"文贞"。殁后，帝临朝叹曰："朕顷遣人至其家，得书一纸，半属草稿，置之绅中，殆谏书也。"贞观中，太宗搜访右军遗书，属徵与虞世南、褚遂良鉴定其真赝，又令署名其后。

房玄龄

字乔，齐州临淄人，彦谦之子。自幼警敏，善属文，兼善草隶。举进士，授羽骑尉。太宗徇河北时，以为行军记室参军；即位后，为中书令，封邢国公，进尚书左仆射，更封魏；终太子太傅知门下省事，谥曰"文"。自贵显后，常恐诸子骄奢，乃集古今家训书为屏风，令诸子各取一具，曰："留此足以保躬。"行草风流秀颖，为时所称。

杜如晦

字克明，京兆杜陵人，年少英爽，书法风流跌宕，一如其人。隋末，为滏阳尉。秦王府引为兵曹参军，历迁至兵部尚书，封蔡国公，进位至尚书右仆射，谥曰"成"。

李　靖

本名药师，雍州三原人。姿貌瑰玮，少有文武才略。隋大业末，为马邑丞。武德三年（620），以功授开府。贞观中，拜尚书右仆射，进位卫国公，谥曰"景武"。宋欧阳修与刘侍读书曰："承示千字文甚佳。"此为李药师所书，后人集以为千字文者。文靖之书豪武自喜。方布衣时，奉使经西岳，厌隋之乱，祷于神明而书其词。书法甚佳，今石在广西。

殷令名

陈郡人。唐济度寺之额即令名所书，为后代程式。与其子仲容以能书擅名一时笔法精妙，不减欧阳。

殷仲容

令名之子。武后深爱其才，官至申州刺史。仲容篆隶兼擅，最精题署。汴州之安业寺、京师之衰义寺、开业之资圣寺、东京之太仆寺、灵州之神马观诸碑额，皆其所书，精妙绝伦。《流杯亭侍宴诗》李峤序文，仲容书字。德宗贞元中，陆长源为汝州刺史，以峤之序文与仲容之书皆绝代之宝，乃为之造亭立碑，而自记其事于碑阴。

杨师道

字景猷。清警有才思，为王世充所拘，遁归。高祖尚桂阳公主，官太常卿，封安德郡公。贞观中，为工部尚书。善草隶，工诗文，师法虞世南，谥曰"懿"。

褚遂良

字登善，杭州钱塘人，散骑常侍亮之子也。博通文史，尤工隶书。父执欧阳询甚重之，太宗尝谓侍中魏徵曰："虞世南殁后，无与论书者。"徵曰："遂良下笔遒劲，甚得王逸少之体。"太宗即日召为侍书。尝出御府金帛购求右军书迹，于是天下争赍古书以献阙下。当时莫能辨其真伪者，遂良备加论列一无误者，拜官中书。高宗即位，封河南郡公，出为同州刺史。永徽三年（652），拜吏部尚书同中书门下三品。六年（655），左迁为潭州都督。显庆二年（657）转桂州都督，又贬爱州刺史。寻卒于官，其书法自少服膺虞世南，长则祖述羲之，甚得其媚趣。隶行则得之史陵亲授，其书师法于古，不名一家，结体学钟繇，古雅绝伦。笔法似逸少，唯余瘦硬。至章草之间，婉美华丽，尤推妙品。

薛纯陀

纯陀官秘书省正字。善隶书，气象奇伟，犹得古人之体法。《集古录》曰："纯陀笔法遒劲精悍，不减吾家兰台，在当时必系知名之士。"贞观十二年（638），奉敕书《砥柱铭》，当时号称能书者如虞世南、褚遂良皆避让之。其后柳公权爱其书，恐年久漫漶，别刻一石存之。

颜元孙

字聿修，昭甫之子。少孤露，其舅殷仲容抚之成立。最善草隶。仲容以书名天下，求书纸笺辄盈几案，每属元孙代书，得者欣然，莫之能辨。玄宗出诸家书迹数十卷相示曰："闻卿能书，请定真伪。"公分别以进，玄宗大悦。著有《干禄字书》。行书，贞观中刊正经籍，因录字体数纸以示仇校，楷书，即以颜书为楷则。

李怀琳

洛阳人。好造作古人伪迹。

赵　模

世所传唐《高士廉茔兆记》，许敬宗撰，赵模所书，甚工整。模书工于临仿，始习羲、献，成千字文。其笔迹之巧合，不减怀仁之集《圣教序》也。

韩道政

太宗时人。帝喜书法，命供奉拓书人赵模、韩道政、冯承素、诸葛贞四人各拓兰亭数本以赐皇太子及诸王近臣。

冯承素

直弘文馆将仕郎。贞观十三年（639），宫中新得《乐毅论》真迹，命承素摹写，以赐长孙无忌、房玄龄、侯君渠、魏徵、杨师道等六人，皆笔势精妙，悉合楷则。所临《兰亭》，得萧散朴拙之趣。

诸葛贞

唐太宗尝命与冯承素同拓《乐毅论》及右军杂帖以赐群臣。

汤普彻

唐太宗拓书人之一。尝奉命拓《兰亭》赐房玄龄已下八人，普彻窃之以出，故得流传于外。

陆柬之

苏州吴县人，虞世南甥。官著作郎。自少师法永兴，故书与欧、褚齐名；隶、行入妙，草入能。其书流传甚少，隶、行殆已绝迹；然观其草书笔意古雅，则其得名当不虚也。柬之之书，《头陀寺碑》《急就章》《龙华寺额》、武丘《东山碑》最有名于时。

陆彦远

柬之之子。官赞善大夫。传父书法，时称"小陆"。后以传其甥张旭。

裴行俭

字守约，绛州闻喜人。贞观间，举明经，后拜吏部尚书，兼检校右卫大将军，封闻喜县公，赐幽州都督，谥献。中宗即位，再赠扬州大都督。行俭通兵法，善知人，兼工草隶。帝尝以绢素属写《文选》，览之甚为赏爱，赉赐甚厚。行俭常曰："褚遂良非精笔、佳墨则不能成书。不择笔、墨，自然妍捷者，唯余与虞世南。"所撰《选谱》，述草体杂字数万言。章草、行书并入能品。

《东观余论》："行俭书传世者甚少，尝见其写一《兵法帖》，字甚怪放。"刘无言云："行俭所书千字文亦甚工。"

敬　客

唐高宗时人。工真书，世所传《王居士砖塔铭》为显庆三年（658）上官灵芝撰文，敬客书字。

孙师范

高宗时人。唐《孔宣公碑》乾封二年（667）崔行功撰，孙师范八分书。

孙过庭

字虔礼，富阳人。博雅能文章，草书遵法二王，工于用笔，隽拔刚断，尚异好奇；真行草书尤工。尝著《运笔论》，深得书法之旨趣。又作《书谱》，宋高宗万几之暇，垂情文艺，尝谓："《书谱》匪特文词华美，且草法兼备。"因藏之宫中，手不暂释。石刻本，唯禁中太清楼最为精妙。

薛　稷

字嗣通，蒲州汾阴人。擢进士第，以辞章知名于时。景龙之末，为谏议大夫，昭文馆学士。初，贞观、永徽之间，虞世南、褚遂良以书法名家，后莫能继。稷外祖魏徵，多藏虞、褚书法，故锐意临摹，结体遒丽，遂以书名天下。睿宗时封晋国公，历太子少保、礼部尚书。稷好古博雅，尤工隶书；学褚公书，得其神似；绮丽媚好，骨肉停匀；堪称河南高足，为时所珍。世谓："买褚得薛，不失其节。"于初唐欧、虞、褚、陆诸家之遗墨，备得其至。《慧普寺》三字方径三尺，笔画雄健；《通泉》《寿圣寺》《聚古堂》亦其所书。杜甫《观书画壁诗》云："仰看垂露姿，崩放亦骞然；郁郁三大字，蛟龙岌相缠。"与李邕、贺知章，俱有声于开元间。

钟绍京

繇十世孙，字可大，虔州人。初为司农录事，以善书直凤阁；时号"小钟"，以繇为"大钟"也。则天武后时，明堂门额及诸宫殿题牓《九鼎铭》皆其所书。景龙间，拜中书令，封越国公，后迁少詹事，年八十余卒。一生笃嗜书画，家藏羲之、献之以及褚河南之真迹，至数十百卷。张昌宗搜访天下图书，以绍京精于鉴别，奏请直秘书；凡御府宝匣奇迹，莫不遍览。明皇在藩邸时，即爱重其书。

王知敬

怀州河内人。善隶书，武后时，仕至麟台少监。知敬善署书，与殷仲容齐名。武后诏各书一寺额，仲容题"资圣寺"、知敬题"清禅寺"，各有独到之处。工行、草书，章草妙入能品。其隶书评者谓："如麒麟之腾跃，类鸾凤之翱翔。"

卢藏用

字子潜，幽州范阳人。与兄徵明共隐居终南、少室二山。武后长安年间，召授左拾遗，仕至尚书右丞。工草隶、大小篆、八分，士贵其多能。藏用书幼师孙过庭草法，晚师逸少，八分亦遵矩矱。

薛 曜

为奉宸大夫，封汾阴县开国男。武后之《三教珠英》即张昌宗、李峤、崔湜、阎朝隐、徐彦伯、张说、沈佺期、宋之问、富嘉谟、乔品、员半千、薛曜等所撰。以游《石淙诗》摩崖书险劲得名。《封祀坛碑》为登封三年武三思撰，曜所书也。

宋 璟

邢州南和人。少耿介，有大节，博学，工文翰。举进士，累迁凤阁舍人。开元初，拜刑部尚书，迁吏部尚书，兼侍中，累封广平郡公，授开府仪同三司，迁尚书右丞相，谥文贞。开元初，以姚崇、宋璟参知政事，璟尝手写《尚书·无逸》一篇，为图以献；玄宗置之内殿，俾出入观览，有所警惕；每叹为古人至言，后代莫及。

吕　向

字子回，泾州人。少隐陆浑山，工于草隶，一笔书百字，萦环如发；世号"连绵书"。玄宗开元十年（722），召入翰林兼集贤院校理，累迁工部侍郎。《法现禅师碑》天宝元年李通撰文，吕向正书。

李　邕

字泰和，扬州江都人。自少知名，以文高品直荐于朝，召拜左拾遗。开元中，历汲郡、北海太守。代宗时，赠秘书监。邕文名满天下，世称李北海。邕之文章书翰正直，辞辨义烈，皆有过人之处；时称为六绝。翰墨尤精，行草初学右军，既得其妙，复尽弃其旧，笔力一新；李阳冰称为书中仙手。前后撰碑共八百首。按邕传尤长于碑颂，中朝衣冠以及天下寺观多赍金帛以求其文。今尚存者《左羽林将军臧怀亮碑》《开元寺碑》《岳寺大照和尚普寂碑》《李府君碑》《普光寺碑》《娑罗树碑》《大云禅寺碑》，老子、孔子、颜回赞，《秦望山法华寺碑》《岳麓山寺碑》《大律故怀道阇黎碑》《端州石室记》《东林寺碑》《左武卫尉将军李思训碑》《云麾将军李秀碑》《鄂州刺史卢府君碑》。又有所谓"追魂碑"者，在今松阳永宁观中，相传叶法善求邕书不得，夜追其魂书之，故名"追魂碑"。

卢鸿一

字浩然，范阳人，徙家居洛阳。少笃志好学，颇善籀、篆、隶、楷，隐居嵩山。玄宗闻其名，礼币徵之；诏授谏议大夫，固辞不受；乃放还山，赐冠服并草堂一所，恩礼甚厚。其八分书传世者有《普寂禅师碑》，开元十二年（724）鸿一撰并书。又有《卢鸿草堂十志图诗》，作十体书法。

唐玄宗

名隆基，睿宗第三子也。性英武，有才略，善八分书，丰茂英丽。正殿学士张说献所作，帝以彩笔作八分书以赞之。开元中，帝亲注《孝经》，并以八分题之，立于国学。天宝中，亲撰《鹡鸰颂》并行书之。天台山《桐柏观颂》为天宝三年（744）真书并篆额。开元十五年（727）诏以王屋山建阳台观赐司马承祯，并题额赠之。十六年（728），帝自择廷臣为诸州刺史，诏宰相、诸王、御史以上祖饯于洛水，命高力士以赐诗题座右，帝亲赋诗，且书之。十七年（729），以宋璟为右丞相，张说为左丞相，源乾曜为太子少傅，皆同日拜命。诏尚书省百官会集吏堂，赐酒馔，帝自赋《三杰诗》，亲赐书。张说曾为其父丹州刺史骘制碑文，帝闻之，亲书其碑额；题曰："呜呼！积善之善。"又为说书制神道碑文，谥曰："文贞"。帝从猎城南，过卢怀慎别业，命中书侍郎苏颋为碑文，亲书之。开元中，卢奂为郑州刺史，帝自京师幸次郑城，美其政绩，题赞而去。太子宾客韩思复卒，帝自题其碑"有唐忠孝韩长山之墓"。尝题诗江楼中，作八分草书，一篇一体，无有同者。其后宋道士柴通元居承天观，即唐之轩游宫，犹及见帝所书诗及《道德经》二碑石云。

韩择木

昌黎人，官至工部尚书右散骑常侍。《韩昌黎集》曰："愈叔父当大历之世，文辞拔群，凡中朝天下铭述先人功行。欲取信来世者皆归韩氏。时李阳冰独能篆书，同姓叔父善八分，世多知之者。"择木以八分得名，其石刻之存者尚多。唯《荥阳王妃朱氏墓志》独为正书，笔法清劲可爱。隶学自古推蔡邕为最妙，择木乃能追其遗风，风流闲媚，世有"中郎中兴"之目。

宋 儋

字藏诸，广平人。高尚不仕，户部侍郎宇文融荐授秘书省校书郎。善书法，效钟元常侧戾放纵。吕总评儋书云："春秋花发，夏柳低垂。"开元末，举场中后辈多师之。

张怀瓘

开元中，官翰林供奉。著《评书药石论》一卷，又尝录古今书体及能书人名，各述其源流，定其品第，为《书断》三卷，纪述极详，评论亦允。喜自矜其能，谓"真、行可比卢、褚，草书则数百年间当推独步"。亦善八分隶书。

张 旭

字伯高，苏州吴县人。嗜酒，每大醉，呼叫狂走乃下笔，或以头濡墨而书，既醒自视以为神，不可复得也。世号张颠，初仕为常熟尉，有老人陈牒求判，信宿又来，旭怒而责之。老人曰："爱公妙墨，欲家藏无他也。"老人因复出其父书，天下奇笔也。自是书其法，自言"始见公主担夫争道，又闻鼓吹而得笔法，观公孙大娘舞剑，始得其神"。后之论书者，于虞、欧、褚、陆皆无异论，至旭始短之。其法后传于崔邈。颜真卿云："文宗时以李白歌诗、裴旻剑舞、张旭草书为三绝。"旭草书既为世所重，有人贫不能自存，因卜居与旭为邻；尝通简牍，遂市鬻之，以致富。《历代名画记》曰："张颠以善草书得名，余尝见小楷《乐毅论》，则韶秀殆虞、褚之流。唐《郎官石柱记》亦为旭所书，楷法工整，甚可爱赏也。"后汉崔子玉之笔法，自钟、王以次，传授历永禅师至张旭而八法始弘。次演五势，更备九用；陆彦远传其父柬之笔法，以传张旭；旭，彦远之甥也。旭法传授之人甚多，太傅韩滉、吏部徐浩、颜真卿、魏仲犀，清河崔邈其尤著者也。

贺知章

字季真，越州永兴人。性旷夷，善谈说。擢进士第，开元中，官集贤院学士，迁秘书监。弃官，徒步归乡里；晚节尤放诞遨嬉，自号四明狂客，又号秘书外监。每醉，辄属词，动成卷轴，咸可观览。善草隶，好事者具笔砚纸笺，意之所惬，则不复拒。然一纸才十数书，世传以为宝。天宝初，请为道士；归里后，舍宅为千秋观。肃宗时，赠礼部尚书。《述书赋》注曰："知章每兴酣命笔，好书大字，或三百言，或五百言，诗笔唯命，不问纸数，无论廿纸或三十纸，纸尽语亦尽，其妙处几与造化争衡；盖得之天授，非人力所能强也。"尝与张旭遨游，见人家厅馆墙壁及屏幛等，忽忘机兴发，落笔数行，如虫篆鸟飞，笔兴淋漓，雅与狂名相称。

李阳冰

字少温，赵郡人。兄弟五人皆富文词，工小篆。初师李斯《峄山》，后见仲尼吴季札墓题字，便开阖变化，如虎如龙；劲利豪爽，风行雨集。文字之本悉在心胸，识者谓之"仓颉后身"。自言"善小篆，直斯翁后一人，曹喜、蔡邕不足道也"。阳冰好书石，鲁公之碑多阳冰篆额。尝以书贻李大夫，"愿石刻作篆，备书六经，建立明堂，号'大唐石经'；于愿足矣"。舒元舆曾得其真迹六幅，见有虫蚀鸟步之迹，如屈曲铁石，陷入屋壁之状。赞曰："赵郡李氏于阳冰，独能穷入篆室，隔一千年，与李斯相见；其格峻，其力猛；天以字瑞吾唐。"绛州有篆文，字法奇古。阳冰见之，寝卧其下，数日不去。验其书是唐初，不载书者名姓。碑有"碧落"二字，因谓之《碧落碑》。阳冰在肃宗朝所书，以年尚少，故字画微嫌疏瘦；大历以后诸碑，皆暮年所作，笔力愈淳劲矣。所著有《翰林禁经》八卷，论书势，笔法所当禁，因以名书。又作《字学推原》论笔法点画之别。

张从申

从申工正行书，结字紧密，近古所无。其所书碑，多阳冰篆额；时称为"二绝"。《扬州龙兴寺法慎律师碑》为李华文，从申书，阳冰篆额。律师道行甚高，为淮南人士所信重，因称其碑为"四绝碑"。自大历而后，徐季海已老，独从申往来江、淮间，时称独步。兄从师、从仪、从约并工书，时人谓之"张氏四龙"。

窦 臮

字灵长。词藻雄赡，草隶精深；著碑志、诗篇、赋颂、章表，凡十余万言。晚年著《述书赋》，总七千六百四十言，精穷旨要，详辨秘义；起自上古，迄于并时。其兄蒙品题精核，为之注；一云："臮自注也。"《唐芳山三洞景照法师韦公碑》，臮所书也。

颜真卿

字清臣，琅邪临沂人，秘书监师古之五世从孙。自少孤露，博学工辞章。开元中，举进士，又擢制科。天宝末，出为平原太守，历迁刑部尚书，太子太师，赠司徒，谥"文忠"。真卿正色立朝，刚而有礼；天下不以姓名称，谓为"鲁公"。善正、草书，笔力遒婉，世宝传之。公幼贫，缺乏纸笔，就黄土扫墙，以习书法。李华尝作《鲁山令元德秀墓碑》，颜真卿书，李阳冰篆额；后人争摹写之，号为"四绝碑"。乾元二年，乞御书《放生池碑额表》曰："臣真卿述《天下放生池碑铭》一章，又采石于当州，拙笔自书；前绢写一本，附史元琮以进。奉乞御书提额。缘前书点画甚细，恐不堪经久；臣今谨据石礜窠大书一本，随表奏进"。颜书喜作大字，唯《干禄字书》注字最小，体格与《麻姑山仙坛记》相近。鲁公嗜书石，大者容尺，小者方寸，故碑刻遗迹存者最多。《中兴颂》则宏伟发扬，状其功业之隆盛；《家庙碑》则庄重笃实，见其家教之谨严；《仙坛记》之秀丽超举，象其志气之高远；《元次山碑》则淳涵深厚，见其业履之纯笃；点如坠石，画若夏云，钩似屈金，戈如发弩；其纵横之气象，低昂之态度；羲、献以来，所未有也。尝作《笔法十二意》，详述其师资之所自，学者宗之。

徐 浩

字季海，越州人，峤之子。少举明经，工草隶，以文学为张说所贵重。肃宗即位，召人，拜为中书舍人。时天下事务繁殷，诏令多出浩手。浩文词华丽，又工楷隶。肃宗悦其能兼，加尚书左丞。传位玄宗诰册皆浩所为，参掌两宫；文翰宠遇之隆，为当时所罕有。代宗时，迁吏部，历集贤殿学士，赠太子少师。初，峤善书法，以法授浩，益工，尝书屏四十二幅，八体皆备，世状其法，谓"如怒猊抉石，渴骥奔泉"。浩正书、八分、真、行诸体皆善。唐世工书者多，而能三代嗣其家学者唯徐氏云。所著有《书谱》一卷，《古迹记》一卷。书碑传世者以《不空和尚碑》为最有名。

袁　滋

字德深，陈郡汝南人。贞元中，拜中书侍郎平章事，赠太子少保。工篆、籀书，雅有古法。元和八年（813），《重修尚书省记》为许孟容撰，郑余庆书，袁滋篆额。唐《轩辕铸鼎铭》虢州刺史王颜撰，华州刺史袁滋籀书。

韩　愈

字退之，河阳人。元和初，登进士第，后擢国子博士，旋授国子祭酒，兵部侍郎。退之工文章，为唐、宋八家之冠。书名为其所掩，不甚显著。《送孟东野序》一首用生纸写，不加装饰。《集古录》曰："退之题名记有二，皆在洛阳：一在嵩山，刻于天封宫石柱上；一在福先寺塔下。当时所见者为墨迹，后不知何人始模刻上石。"

柳宗元

字子厚，河东人。少精敏绝伦，文章奇伟精警，为同时所推。举博学鸿辞科，登进士第，授秘书郎。贞元中为监察御史，擢礼部员外郎，以王叔文案贬永州司马。元和十年（815），徙柳州刺史。文名甚高，南方之士多有不远数千里来从游问学，请其指授者，皆法其文辞，世号"柳柳州"。子厚亦工书法，为时人所推重；湖、湘以南之士人皆学之。颇喜自矜诩，不轻为人书；故今所见者仅般舟和尚与弥陀和尚二碑耳！又尝作《笔精赋》，书、文并妙。

柳公权

字诚悬，京兆华原人，元和初，擢进士，释褐后，授秘书省校书郎。穆宗即位，召见公权，谓曰："吾尝于佛寺见卿之笔迹，思之久矣！"即日拜右拾遗，充翰林侍书学士。穆宗尝问公权曰："用笔如何始能尽法？"对曰："用笔在心，心正则笔正。"帝改容，悟其以笔谏也。历仕穆、敬、文三朝，禁中侍书。武宗即位，累迁河东郡公。咸通初，进太子少师。公权初学王书，遍阅近代笔法，体势劲媚，自成一家。当时公、卿、大臣家碑版、铭刊之文，非得公权手笔，则人辄目为不孝，外夷人贡，皆别具货贝，署曰"购求柳书"。《上都西明寺金刚经碑》备钟、王、欧、虞、褚、陆诸体，最为得意之笔。文宗尝于夏日集学士联句，命公权题于殿壁，字径五寸；帝视之叹曰："虽钟繇复生，亦无以加诸！"宣宗尝召升殿廷御前，书三纸，军容使西门季玄捧砚，枢密使崔巨源授笔，一纸真书十字，曰"卫夫人传笔法于王右军"；一纸行书十二字，曰："永禅师《真草千字文》得家法"；一纸草书八字，曰："谓语助者，焉哉乎也"。帝乃赐以锦彩、瓶盘等银器，仍令其自书谢状，真、行勿拘。帝最为爱赏。诚悬耽志书学，不治生产；为勋贵家作碑版，润笔所入，多为臧获窃去。诚悬书真、行皆入妙品，草亦不失为能：盖从颜平原而出，加以遒劲丰润，故能自成一家。

唐玄度

文宗时官待诏。著《九经字样》一卷。开成二年（837），立九经石壁于太学，文宗命翰林勒字官唐玄度复校字体。玄度精于小学，推原造字之旨，分为十体，曰："古文、大篆、小篆、八分、飞白、薤叶、悬针、垂露、鸟书、连珠"，古今绳墨，网罗无遗，十体中飞白与散隶相近，但笔势缥缈萦洄，又全用楷法。

杜 牧

字牧之，京兆万年人。善属文，登进士，复举贤良方正。会昌中，累迁中书舍人。牧长于诗，情致豪迈，人号"小杜"，以别于杜甫云。作行、草书，气格雄健，雅与其文章相近。书法传世者有《张好好诗》。深得六朝人风韵，颜、柳而后，罕见之作。同时有温飞卿，亦为名家。

释怀素

字藏真。自叙云："僧怀素家长沙，幼而事佛，经禅之暇，颇好笔翰；然恨未能远睹前人之遗迹，所见甚浅；遂担笈杖，西游上国，谒见当代名公，错综其事；遗编绝简，往往遇之，豁然心胸，略无滞凝，鱼笺绢素，多所尘点；士大夫不以为怪焉。又尚书司勋郎卢象、小宗伯张正言曾为作歌诗，故叙之曰：'开士怀素，僧中之英；气概通疏，性灵豁畅；精心草圣，积有岁时；江岭之间，其名大著。'吏部侍郎韦公陟见其笔力，勖以有成；今礼部侍郎张公谓赏其不羁，引以游处；兼好事者同作歌以赞之，动盈卷轴。夫草稿之作，起于汉代；杜度、崔瑗始以妙闻。迨夫伯英，尤擅其美。羲、献兹降，虞、陆相承；口决手援，以至于吴郡张旭。长史虽姿性颠逸，超绝古今；而模楷精详，特为真正。真卿早岁，尝接游，屡蒙击节，教以笔法；姿质劣弱，又婴物务，未能悬习，迄以无成；追思一言，何可复得，忽见师作，纵横不群，迅疾骇人，若还旧观；向使亲承善诱，得挹规模则入室之宾，舍予奚适。"素好草书，自言"得草书之三昧"，弃笔堆积，埋山下，号曰"退笔冢"。自负逸才，不矜细行，时酒酣发，遇寺壁、里墙、衣裳、器皿，无不书之。贫无纸书，尝于故里种芭蕉万余株，以供挥洒。又置一盘一板，书之于漆；书之既久，板为之穿。素性嗜酒，藉草书以畅志养性。十日九醉，时因谓之"醉仙书"。

释怀仁

初唐时人，驻锡京师之弘福寺。太宗制《圣教序》，诏集右军行书而勒之石，累年方就。逸少真迹，得以萃中，怀仁之力也。

释高闲

乌程人。精于书法，宣宗尝召入，赐紫衣袍。后圆寂于湖州开元寺，闲好用雪川白纻，以作真、草书。其笔法得之张长史。昌黎韩退之尝作序送之，盛称其书法之美妙，遂大显于世。尝用楮纸草书《千字文》，又书令狐楚诗，石刻在湖州。

释亚栖

字登封，俗姓吴，永嘉人，作诗多古调，长于草隶。陆希声谪豫章，闻名往谒之，授以五指拨镫诀。书体遒健，转腕迥笔为常人所不及。昭宗诏就书御榻前，赐紫方袍。

徐　铉

字鼎臣，扬州广陵人。十岁能属文，仕南唐，官至礼部尚书。后随李煜归宋，为太子率更令，从军征太原时，值诏书倥偬，多出铉手。累迁散骑常侍。铉精于小学，笃好李斯小篆，亦工隶书。尝受诏与句中正、葛湍、正唯恭等同校《说文》。铉弟锴亦能作八分小篆，江南美其文翰，号曰"二徐"，而铉于字学尤精。盖自阳冰而后，篆法中绝；独铉当乱离之世，值鼎沸之秋，乃能存遗法于不坠；归遇真主，字学复兴，其功匪浅也。初患骨力不及阳冰，然精熟奇绝，点画皆有法度。追入宋代，获见《峄山》摹本，自谓"得师于天人之际"；更尽力搜求遗迹，锐意临摹，故卒能入于妙品。为一代名家。

李建中

字得中，其先本京兆人，祖稠避地入蜀，始为蜀人。太平兴国进士，累官太常博士。性简静，淡于荣利；前后三求留掌西京御史台，故人呼为"李西台"，爱洛中风土，构园池居之，号曰"静居"。性好吟咏，遇佳山水辄留题，自署岩夫、民伯。善书札，尤工行笔，别有新意；草隶、篆、籀、八分亦妙，人争摹习，以为楷法。尝手写郭忠恕《汗简集》，皆用蝌蚪文字，奉诏嘉奖。

苏易简

字太简，梓州铜山人。举太宗朝进士，官翰林学士，迁给事，参知政事。雅善笔札，著有《文房四谱》与《续翰林志》。

郑文宝

字仲贤。举太宗朝进士，官至兵部员外郎。能诗，善篆书，工鼓琴。师徐铉小篆，尝效其体。

王 著

字知微，唐宰相方庆之后。举孟蜀明经及第，仕宋，授隆平主簿。究心书学，笔迹妩媚，颇有家法。太宗委以审查篇韵之事。中使王仁睿尝持御札以示著，著曰："未尽善也。"于是太宗临学益勤，又以示著，著答如前。仁睿诘其故，著曰："主上始攻书，骤称其善，则不复留心。"久之，复示著，曰："功已至矣，非臣所能及。"太宗购求古今法书，命著审定之，编为十卷，曰《淳化阁帖》。

郭忠恕

字恕先，河南洛阳人。七岁能诵书、属文，举童子及第。工篆、籀。后周广顺中召为宗正丞兼国子书学博士。宋太宗即位，授国子监主簿。性好游山水，尝入龙山，得鸟迹篆，一见辄能背诵，有如宿习。善书，所图屋室重复之状，颇极精妙。唯性情乖僻，好使酒骂人，卒以流窜而死。所著《汗简》《佩觿》二集，皆有根据条理，为谭字学者所称许。书法传世者，有重修《五代汉高祖庙碑》，笔力脆弱；晚年所作《怀嵩楼记》则笔力老劲。宋代所刻之《三体阴符》亦忠恕所书。

向敏中

字常之，开封人。太宗朝举进士，咸平四年（1001），进同平章事，充集贤殿大学士兼秘书监秘中。工笔札，其真迹杂见于曾宏父《凤墅续法帖》中。

毕士安

字仁叟，代州云中人。宋太祖朝举进士，杨延璋延人幕府，掌书记。真宗即位，迁工部侍郎，拜枢密院直学士，更拜平章事，谥文简。老年目力衰减，犹手不释卷，尝自校对或自缮写，词翰甚精。宋王禹偁得令狐绹《毛诗音义》，为会昌三年（843）所写，后有数行残缺，乃属士安补之；因作诗曰："偶收毛、郑古诗义，认得欧、虞旧笔踪。"淳化《祖石帖》后，有毕丞相士安"子孙保享"等百余字跋语。

欧阳修

字永叔，庐陵人。生四岁而孤，母郑氏抚养教诲，家贫，以荻画地学书。举进士，试南宫第一，官礼部侍郎。神宗朝，进太子少保，致仕，卒谥文忠。始号醉翁，后号六一居士，嗜好古学，凡周、秦以降之金石遗文，断简、残编，拾集之以成《集古录》。东坡曰："文忠公喜用尖笔，干墨，以作方阔之字，神采秀发，膏润无穷；后人见之，晔如清眸丰颊。"又曰："公书笔势险劲，字体新丽，自成一家；公书雅与其人相称，外虽优游，中实刚劲。"嘉祐八年（1063），奉敕篆"兵命宝"。治平三年（1066），篆"皇帝兵命之宝"。其书有《孙明复墓铭碑》。

蔡　襄

字君谟，兴化仙游人。举进士，官西京留守推官。英宗时，拜端明殿学士，知杭州，赠吏部侍郎。工书，为当时第一；仁宗尤爱重之。卒于孝宗乾道之间，谥忠惠。君谟真、行、草书皆入妙品，笃志博学，冠绝一时。少务刚劲，气势雄伟；晚年淳淡，归于婉美。然颇自爱惜，不轻与人书。苏子美兄弟以君谟书当独步当世，其书以行书第一，小楷与草书次之。东坡曰："古人以散笔作隶，号曰'散隶'；近年君谟又以散笔作草书，亦可谓之'散草'，或名'飞草'。"余事为飞白，亦自成一家。苏颂《魏公集》曰：

"君谟飞草尽风云龙蛇之变。"又曰："蔡忠惠公大字端重沉着，本朝书法第一。《洛阳桥记》《吐谷浑词》共推大书冠冕。"君谟始学周越书，变体盖出于颜平原。书学自唐代崔舒以上，至汉蔡邕，皆亲相传授；唯君谟毅然突起，不可谓间世豪杰之士。所书《画锦堂记》，每字书数字，择而合之，名"百衲本"。

王安石

字介甫，抚州临川人。神宗即位，官翰林学士，后封舒国公，改封荆公；谥文，追封舒王。荆公书法奇古，似晋、宋间人笔墨，得无法之法。然不可学，所居名半山庄，多公手迹。公行草多用泼墨疾书，若未尝经意者。张邦基《漫录》曰："公书清劲峭拔，飘飘非凡；其状如横风疾雨。"黄鲁直谓其学王蒙，米元章则言其学杨凝式；以余观之，乃天然如此耳。

司马光

字君实，陕州夏县人。仁宗宝元初年（1038），举进士及第。所著《资治通鉴》上之神宗，大蒙奖饰。元祐元年（1086），拜尚书左仆射兼门下侍郎，封温国公，谥文正。公正色立朝，学问文章为时冠冕。隶法清劲，似其为人。南屏山兴教寺摩崖作《家人卦》及《中庸》《大学篇》即为公书，盖自五季、钱唐以来，息干戈之祸，人民富丽，无淫靡之风；国治家齐，故温公之书，上以扶助风教，非偶然也。所著《通鉴》数百卷，稿件均作楷书，无草率者。故历时十九年，始克成书，亦一因也。

苏 轼

字子瞻，眉州眉山人，洵之子。嘉祐二年（1057），试礼部主司，欧阳修曰："吾当避此人，出一头地。"熙宁中，以安置黄州团练副使，筑室东坡，因自号"东坡居士"。哲宗时，官端明殿翰林侍读学士兼礼部尚书，卒谥文忠。弟辙为作墓志铭曰："自幼好书，老而不倦。自言不及晋人，至唐之褚、薛、颜、柳则仿佛近之。"山谷曰:"东坡少日学《兰亭》,故其书姿媚似徐季海。至酒酣放浪,意忘工拙,字特瘦劲,似柳诚悬。中岁喜学颜鲁公、杨风子书,其合处不减李北海。本朝善书,自当推为第一。"其子叔党跋其书云:"吾先君子岂欲以书名哉!特其至大至刚之气,蕴蓄于胸而应之于手,故点画之间不见妩媚之姿,而端章甫服有凛然难犯之色。少喜二王书,晚乃学颜平原。"子瞻一日在学士院闲坐,忽命左右取纸笔,书"平畴交远风,良苗亦怀新"两句;大书、小楷、行、草书,凡七八纸,掷笔太息曰:"好好!"其纸散给左右。山谷尝戏东坡曰:"昔王右军作字换鹅,近韩宗儒公每得一帖,殿帅姚麟辄许以羊肉数斤换之;君书其换羊肉为可。"崇、观之间,蔡京、蔡卞用事,公以党籍被黜,禁毁其文辞、墨迹。政和之间忽弛禁,求公真迹甚急,时徽宗亲临宝篆宫醮筵,道士伏地拜曰:"苏轼乃本朝奎星。"上大惊异,欲见其词翰。

黄庭坚

字鲁直,洪州分宁人。举进士,熙宁初,为国子监留守,哲宗召为校书郎。徽宗即位,官吏部员外郎。善草书,楷法亦自成一家,自号山谷道人。尝曰:"余学草书三十余年,初以周越为师,故抖擞二十年,尚未脱尽俗气;晚得苏才翁子美书观之,乃得古人笔意;其后又得张长史、僧怀素及高闲之墨迹,乃窥其笔法。"《洞天清录》曰:"山谷悬腕书深得《兰亭》风韵,然真不及行,行不及草。"王荣老欲渡江,风起,七日不得济。父老曰:"公箧中必蓄宝物,江神极灵,当以奉之。"荣老顾无所有,乃以玉麈尾献之,仍如故;又以端砚献之,风愈作;又以宣包虎帐献之,皆不验。夜卧,念及黄鲁直所书韦应物诗之纨扇,持以献之,香火未收,天水相照;南风徐来,一饷即济矣。

米　芾

字元章,襄阳人。尝居吴,号海岳外史。为文奇险,特工于翰墨;召为书画学博士,赐谒便殿,擢礼部员外郎,出知淮阳军。妙于翰墨，沉着飞翥，得王献之笔意。最工临摹，几与真迹莫辨，尤精鉴别，遇古器物、书画之佳者，则力求归己有。尝奉旨仿作《黄庭》小楷，又作周兴嗣千言韵语，得入宣和殿，观御府秘藏；其宠眷之隆如此。元章行草书宗羲之，篆宗史籀，隶法师宜官。晚年则出入规矩，脱落恒蹊；自谓"善书者只能一体，我独四体兼具"。寸纸数字，人争售之，以为珍玩，请求作碑榜书者屡迹恒满户外。富于收藏，名其所居曰："宝晋斋"。南宫书学平原后自成一家，侧、掠、弩、趯，悉遵古法度，无一笔妄作。其书初学罗让，后则超迈入神，殆非侧、勒、弩、趯、策、掠、坠、磔所能缚束。婢之婢世谓之"重台"，世谓"羊欣之书似婢学夫人"。海岳更学羊欣，故高宗谓米字为"重台"，曾以书学博士召对，上问："本朝以书名世者凡几人？"芾曰："蔡京不得笔，蔡卞得笔而乏逸韵，蔡襄勒字，沈辽排字，黄庭坚描字，苏轼画字。"上复问："卿书如何？"对曰："臣书刷字耳！"芾五指执笔之势，翩翩如飞，结体飘逸而少法度。其得意处大似李北海，亦时窃小王。蔡京一日问芾曰："近世工书者几人？"芾曰："晚时柳氏，近时君家兄弟。"盖指京与卞也。更问其次，则曰："芾耳！"元章书、画奇绝，每从人借古本临摹，临竟，以临本与原本并还之，令其自择；借家往往不能辨，误将临本取去，以是得古书、画益富。

宋徽宗

名佶，神宗第十一子。深通百艺，书、画尤工。政和七年（1117），亲书国子监辟雍大成殿额。宣和四年（1122），幸秘书省，御书千字十体书、《洛神赋》、行草近诗。兼好收藏，凡御府所储，必以御笔金书小楷题签。子湖请以铁铸钱，因以范格进；帝大悦，亲书"宣和通宝"四字。行、草、正书笔势劲逸，初学薛稷，自变其法度，号"瘦金书"。

赵明诚

字德父。历官知湖州军州事。尝以所藏三代彝器及汉、唐以来刻石，仿欧阳修《集古录》例，著《金石录》三十卷，编排成帖，凡目录十卷，跋尾二十卷。绍兴中其妻李清照上表，献之朝廷。

张商英

字天觉。以章惇荐擢监察御史。一日得句，振笔疾书，龙蛇飞动；佭为之誊写，当波险处，佭惘然不能辨。止而问之曰："此何字也？"，公熟视之曰："胡不早问，致余忘失？"

米友仁

字元晖，芾子也。力学嗜古，亦工书、画，世号"小米"。仕至兵部侍郎，敷文阁学士。元章尝曰："吴皖王子韶题大隶榜书，雅有古意，与吾儿友仁所作相似。"

黄伯思

字长睿，邵武人。元符三年（1000），以进士高等及弟。好古文奇字，京洛公卿之家，研究商、周、秦、汉彝器款识字画者能悉辨其体，制正其是非本末，遂以古文之学名家。初，淳化中博求古代法书，命翰林待诏王著续集法帖；伯思病其乖讹庞杂，作《刊误》二卷。以著述功，升秘书郎校书，自号"云林子"，别字"霄宾"。政和八年（1118）卒，集其平日之议论、题跋，作《东观余论》三卷。伯思文词雅健，思致高深；诗亦清新俊逸，入于作者之林；尤精小学。正、行、草、隶皆精绝，初仿颜、柳，后乃规摹钟、王；笔势简远，有魏、晋之风。得其尺牍者多视同拱璧。

薛绍彭

字道祖，恭敏公向之子。以翰墨名世，米芾曰："薛绍彭与余以书画情好相同，尝见有问，余戏答以诗曰：'世言米、薛或薛、米，犹如兄弟与弟兄。'"绍彭作真、草、行书，皆得自晋、唐，绝无侧笔恶态。

范成大

字致能，吴郡人，绍兴二十四年（1154），擢进士第。孝宗时，拜参知政事，进加资政殿大学士。有文名，尤工诗，自号石湖居士。以能书见称，黄庭坚、米芾之书多宗其遒紧。

朱　熹

字元晦，一字仲晦，徽州婺源人。绍兴十八年（1148）中进士第。光宗时，除焕章阁侍制，赠太师，封徽国公。晦翁之书笔势迅疾，曾无意于求工；然点画波磔之间，无一不合书家规矩。詹氏小辨曰："尝见朱子简牍数纸，盖法鲁公《争座位帖》，即行边添注，亦复宛然，意致苍郁，沉致古雅；所以不甚显著者，盖为学名所掩也。"朱子之书，榜额之外不多见，《端州友石台记》法近钟太傅，亦复有分、隶遗意。"读书"二大字在长乐方安里三宝岩，"容膝"二字、"天光云影"四字在云谷，"光风霁月"四字在南康白鹿洞，"脱去凡近"四大字在端州府学，"上帝临汝，无贰尔心"八大字在抚州府学。

姜　夔

字尧章，鄱阳人，寓居武康。所居与白石洞天为邻，因号白石道人，又号石帚。工诗、词，其诗风格高秀，词尤精深华妙，音绝文采冠绝一时。亦工书法，运笔遒劲，波澜老成。著《续书谱》一卷，议论精到，用志刻苦，妙入能品。

党怀英

字世杰，冯翊人，大定十年（1170），中进士第。能属文，工篆、籀，当时称第一，学者宗之。官翰林学士承旨，谥文献。

王庭筠

字子端，河东人。登大定十六年（1176）进士。罢官后，卜居彰德，买田黄华，读书山寺，因以自号。后奉召与张汝方同品第法书、名画，选翰林院修撰书法。庭筠为南宫之甥，渊源有自，书法沉顿雄快，其子曼庆亦有名。

赵孟頫

字子昂，自号松雪道人，宋太祖之子秦王德芳之后。四世祖伯圭赐第湖州为湖州人。自幼聪明，读书过目成诵，为文操笔立就。至元年间，搜访遗逸。授兵部郎中，迁集贤馆学士。延祐三年（1316），拜翰林学士承旨，荣禄大夫。帝尝论侍臣文学之士，以孟頫比唐之李白、宋之苏轼，封魏国公，谥文敏。孟頫篆、籀、分、隶、真、行、草书无不冠绝古今，遂以书名天下。天竺僧徒不远数万里来求归其书，奉为国宝。公性善书，专以古人办法，篆则法《石鼓》《诅楚》、隶则师梁鹄、钟繇，行、草则法逸少，杂以近体。其书凡三变：初临思陵，中年学钟繇及羲、献诸家，晚学李北海。鲜于枢曰："子昂篆、隶、正、行、章草为当代第一，小楷又为子昂诸书第一。"张伯雨子昂《过秦三论跋》曰："后世谁知公落笔如风雨。"盖子昂一日能书万字，始事张即之，得南宫之传；而天资英迈，积学功深，尽掩古人超人魏、晋。当时翕然师之，康里子山得其奇伟，浦城杨仲宏得其雅健，清江范文白公得其洒落，仲穆得其纯和。

康里巙

字子山。博极群书，授集贤殿侍制。顺帝时，官翰林学士承旨。善真、行、草书，识者谓其"得晋人笔意"。尺牍片纸人争宝之，不啻金玉。正书师虞世南，行书师钟繇、王羲之；笔画遒媚，转折圆劲，名重一时。论者谓"元代以书名世者，子昂而后即公也"。子山尝问客："一日能作几许字？"客曰："闻赵学士一日能写万字。"子山曰："余一日作三万字，亦未尝因力倦辍笔。"其神速如此。

鲜于枢

字伯机，渔阳人，自号困学民。官至太常寺主簿。枢意气雄豪，酒酣骜放，吟诗、作字，奇态横生。善行、草，小楷似钟太傅，赵子昂极推重之。枢早岁恨学书未能及古人，偶出野外，见二人挽车行泥淖中，遂悟书法之妙。辛勤力学，作草书多从真、行而来，故落笔不苟，点、画之间，皆有意态。书法至宋季敝极，元始振兴，其中以赵子昂、鲜于枢为巨擘；终元之世，无有出二家之外者。

吾丘衍

字子行，衢州人，家于钱塘，一名吾衍。嗜古学。通经、史百家言，工于篆、籀，精妙不在秦唐二李之下。性豪放旷达，不事检束，左目眇，右足跛。风度特蕴藉。常以郭忠恕自比，自号贞石处士。著《周秦刻石释音》《学古编》。篆、籀之学至宋季敝极，子行出，始唱复古之说。赵文敏公复和之，其学后传至明，有名于世。

柯九思

字敬仲，台州仙居人。文宗遇于潜邸，即位后，置奎章阁，特授学士院鉴书博士。凡内府所藏法书、名画，皆命鉴定。赐牙章。又善鉴识金石、鼎彝之器。时吴人陆友号称博物，亦自叹以为不及。九思诗文亦有名。

杨维桢

字廉夫，号铁崖，会稽人。擢进士第，署天台尹。狷直忤物，十年不得调，徙钱塘，避地富春山，浪迹浙西山水间。张士诚累招之，不赴。明兴，以隐逸被征。工诗、文，虽不以书名，而行、草清劲矫健，雅有逸趣。

倪　瓒

字元镇，无锡人。强学好修，性爱雅洁，淡于荣利。名所居阁曰"清闷阁"，乔木、修篁，蔚然深秀；故自号云林居士。家雄于赀，多藏古法书、名画。四时卉木萦绕其外。至正间，忽散赀给亲故，扁舟往来震泽三泖间，雅趣吟兴，辄挥洒缣素，苍劲妍润，得清秀之致。晚年，益务恬退，黄冠野服，遨游湖山间，人称倪高士。《甫田集》曰："倪先生人品高轶，故翰墨奕奕，雅有晋宋人风致。"

宋　濂

字景濂，浦江人。从吴莱学，有文名。明太祖既下婺源，聘为教授；帝作文时，坐濂榻下，口授而书之。洪武九年（1376），授翰林承旨，自少至老未尝去。工小楷书，能一黍作十余字。《六研斋笔记》云："唐宋名公多以行、草擅长，昭代小楷之精者，唯宋公景濂一人而已！"

宋　璲

字仲珩。景濂之次子。官中书舍人。精篆、隶、真、草书。尝见梁草堂法师之墓篆及吴天玺中皇象书三段石刻，朝夕临摹，至忘寝食；遂悟笔法，工小篆，为明代第一。濂每见其佳处，便曰："写老夫名，足以传世。"太祖曰："小宋字画遒美，如美女簪花。"大小二篆，纯熟姿媚，有行、草气韵。方孝孺曰："近代能草书者赵公子昂、鲜于公伯机，稍后得名者康里子山；继三公之后者则为金华宋仲珩。仲珩草书如天骥行中原，一日千里；运用气力如超涧渡险，不能得其踪迹，而驰骋必合于规矩，直凌跨鲜于、康里而上；虽起赵公见之，亦必叹赏也。"

陶宗仪

字九成，黄岩人。少举进士，一不中，即弃去。于古学无所不窥，尤刻志学书，避兵淞城北，家泗水南。却有司聘，闭门著书，有《书史会要》九卷。

解　缙

字大绅，吉水人。洪武二十一年（1388）进士，授中书庶吉士。文皇即位，召置左右，进侍读学士。为文雅劲奇古，力追司马迁、韩退之。诗豪宕丰赡似李、杜。书小楷精绝，行、草皆佳。时天子爱惜楷书，至亲为持砚。有农家陆颖者善制笔，欲缙作佳书者必得颖笔。永乐时，能书者众而缙居首。王世贞曰："缙以狂草名一时，然纵荡无法，唯正书颇精妍耳！"

杨士奇

初名寓，以字行，泰和人。建文之初，以名儒征，授教职。累进至华盖殿大学士，赠太师，谥文正。《艺苑厄言》曰："士奇善行、草，笔法古雅，微少风韵。"

陆友仁

名辅，字友仁，华亭人，沈粲弟子也。善楷书，官中书合人，迁礼部主事。

姜立纲

字廷宪，瑞安人。七岁工书，命为翰林秀才，后历官太常少卿，善楷书，清劲方正，中书科制诰悉宗之。立纲书体自成一家，宫殿碑额多出其手。日本遣使求书十三丈高之门扁，立纲为书之；其国人常自夸曰："中国惠我至宝法书。"

陈献章

字公甫，新会人，寓居白沙村，人称白沙先生。英宗朝，赴礼闱二度，乡试及第。从吴聘君讲求伊、洛之学。宪宗时，授翰林检讨，能作古人数体字。山居或不能给笔，辄束茅以代；晚年专用之，遂自成一家。时人以茅笔字呼之，得其片纸，便藏为家宝。交南人每购一幅，易绢数匹。

李东阳

字宾之，茶陵人。四岁能书大字，景帝召见，置膝上，赏赐甚丰。天顺八年（1464），举进士，授编修，后升太子太保，户部尚书，谨身殿大学士，赠太师，谥文正。为文典雅流丽，工篆隶书，或谓"其篆胜古隶，古隶胜真、行、草"。笔力矫健，自成一家；小篆清劲入妙。明兴以来，宰臣以文章领袖缙绅者，杨士奇以后，东阳一人而已！

吴　宽

字原博。成化八年（1472），会试第一人及第，廷试又第一，授翰林修撰，赠太子太保，谥文定。为文不事雕琢，唯体裁谨严；作诗沉着雄壮，一洗近世尖新之习；作书姿润之中，亦时露奇倔，体虽规抚苏轼，而多有自得之趣。

李应祯

名甡，字贞伯，以字行，长洲人。景泰四年（1453），举乡试，入太学，官中书合人。弘治中，为太仆少卿。博学好古，篆、楷兼善。文徵明曰："家君官太仆寺丞时，公方为少卿，以徵明为同僚之子弟；得朝夕给事左右，多承其绪论。公一日书《魏府君碑》，顾谓徵明曰：'吾学书垂四十年，今始得其法；然老迈无益，子方年壮，宜及时学之。'因极论书法要诀，累数百言；凡运指、凝思、吸笔、濡墨及字之起落、转换、大小、向背、长短、疏密、高下、疾徐，诸种笔法，无不论及。盖公潜心古学而自得处甚多，当推为本朝第一；其尤妙者能以三指搦笔，虚腕疾书，今人无有能及之者。然甚自吝惜，求者多怒其不应，故传世者颇少。真、行、草、隶，皆清润端方，如其为人。"

王守仁

字伯安，余姚人。弘治十二年（1499）进士，正德中，官金都御史。十四年（1501），攻南昌，擒叛藩宸濠，以功封新建伯，官南京兵部尚书，谥文成。公功业文章冠冕一时。行书出《圣教序》，得右军之骨。张南安、李东阳辈皆从此脱胎而出。徐文长曰："古人论右军以书掩人，若新建先生者直以人掩书也。"

祝允明

字希哲，长洲人。生而右手生有骈枝，因自号枝指生。书法出入晋、魏，晚年益超凡入圣，为明代第一。文徵明曰："吾乡之前辈以书名者，先称武功伯徐公，次太仆少卿李公。李公楷书师法欧、颜，徐公草书出于颠素。枝山先生，武功之外孙，太仆之婿也。早岁楷笔精谨，师法妇翁；而草法之奔放，实出外大父也。盖兼二公之美而集成一家者。李公尝为余言'祝婿楷笔严整，惜少姿态'；盖未见及其晚年之作，故云然也。"

文徵明

名璧，以字行，更字徵仲，长洲人。世居衡山，故号衡山居士。以贡生诣都，授翰林待诏。幼不慧，拙于书，刻意临学。其始规模宋、元，既悟其意，遂悉合去，专法晋、唐。其小楷从《黄庭》《乐毅论》中来，温纯精绝，论者谓不在虞、褚以下。隶书法钟繇，独步一世。平生慕赵文敏，每事必师之。论者谓其诗文、书画与赵同，出处纯正或且过之。徵明少游郡学，诸生多饮食放歌游技以消磨时日，徵明独临写《千字文》，日以十本为率，书遂大进。公于书未尝或苟，即普通函札，少不满意，必再三移易；故老年愈益精妙，细入毫发。时李文成公东阳以篆法自负，及见公隶书，深加叹赏，自愧以为不如。

徐　霖

字子仁，南京人。篆法登神品，余如真、行，亦皆精妙。碑版书师法颜、柳，题榜大书则取法詹孟举，并绝海内。日本使者得之，什袭珍藏。武宗南巡，召见行宫，尝二度幸其邸宅。子仁美须髯，武宗曾亲为剪拂；因自号髯翁。《艺苑卮言》曰："徐子仁九岁能作大书，操笔成体。正书出入欧、颜，大书初法朱熹，殆能乱真；晚喜赵子昂，笔力遒劲，结构端饬，能自成一家。篆法得异人传授，更深入堂奥。李西涯乔寓伯岩，时号称篆圣，及见徐书，亦自愧不如。论者谓'自周伯琦没后，篆法久微；李东阳远绍遗绪，徐子仁躬诣堂室；蚤岁尚雄丽，晚年则专务古扑，殆登神品'。"

陆　深

字子渊，号俨山，华亭人。弘治十八年（1505）举进士及第。嘉靖中官詹事，赠礼部侍郎，谥文裕。书法之妙，逼近钟、王，比之赵子昂遒劲过之。其行状中有云："国初以来，我松江多以书学名天下，然久已绝响；近公始奋起，遂凌驾前人之上。"张电以书学得际遇显达，实出于公所指授；识者谓"公为赵文敏后一人"，非虚语也。

董其昌

字玄宰，华亭人。万历十六年（1588）进士，选庶吉士，授编修，出为湖广提学副使，官太常少卿。天启二年（1622）兼侍读学士，历迁至礼部尚书，赠太子太傅，谥文敏。天才俊逸，善谈名理；少好书、画，临摹真迹，至忘寝食。中年后，微有悟入，遂自名家；行、楷之妙，跨越一代。四方金、石之刻，造请无虚日，尺素短札，流布人间，争购宝之。其昌云："吾学书在十七岁之时，初师颜平原之《多宝塔》，又改学虞永兴；以为唐书不如晋、魏，遂仿《黄庭经》及钟元常之《宣示表》《力命表》《还示帖》《丙舍帖》，凡三年，自谓'逼古'。视文徵仲、祝希哲，不甚置意，而于书家之神理实未有入处，徒格守故辙。比游嘉兴，因得尽睹项子之真迹；又于金陵见右军之《官奴帖》，方悟从前妄自批评，从此始渐有所得。今将二十七年，犹作随波逐

浪之书家。翰墨虽小道，其难如此。”其昌又云：“余书较之赵
文敏子昂，各有短长；行间茂密，千字一律，吾不如赵；若临仿
历代真迹，赵仅得其十一，吾得其十七。又赵书因熟得俗态，吾
书因生得秀色；然吾书往往率意，较赵书亦略输一筹。”谢肇淛
云：“今世以书名振者，南则董太史玄宰，北则刑太仆子愿；其
合作之笔，往往前无古人。”

米万钟

字仲诏，其先关中人，后徙京师。万历二十三年（1595）进
士，仕至太仆少卿。性好石，与米南宫同癖；号友石先生。行草得
米芾家法，与董其昌齐名，时有“南董北米”之誉。尤善署书。擅
名四十年，书迹遍天下。著《篆隶考讹》二卷。

赵　崡

字子函，一字屏国。万历三十七年（1609）领乡荐。所居近
周、秦、汉、唐之故都，古代金、石、名书多在其地，因援据考
证，略仿欧阳修、赵明诚，洪适三家，集录金石之例，著《石墨
镌华》自谓“穷力三十年，所收多都玄敬、杨用修所未见”。其
自序曰：“余八岁时，朱秉器先生命余临摹虞世南之书；余心窃
慕古人，每获一名碑，必摩弄终日，不忍遽去，片石只字，辄疏
记之。”

赵宧光

字凡夫，太仓人。卜居寒山，著书数十种；尤精字学，创作草
篆；盖基于《天玺碑》而少变其体。人品超越，亦如其书。

成亲王

清乾隆帝第十一子，嘉庆帝之兄。幼精书法，深得古人笔意。
嘉庆九年（1804），帝特命刻其帖序，流播海内。

郭宗昌

字允伯，陕西华州人。清初时，隐居不仕，鉴别书画，金石篆刻之学为当时第一。著《金石史》。《砥斋题跋》曰："汉隶之失，衡山尚未能辨，余子更鲜知者；能辨者自允伯先生始也。"

傅　山

字青主，又字青竹，别号朱衣道人，太原阳曲人。康熙十七年（1678）以博学宏词荐，托病固辞；诏加中书衔，遂归老乡里。《鲒埼亭集》曰："先生工书，精大小篆隶以下诸体，兼工画。"尝自论其书曰："弱冠学晋唐人之楷法皆不能效，及得松雪香光之墨迹临之，则遂乱真。己唯自愧，盖学君子每难近，与小人游忽易亲；松雪曷尝不学右军，而结果浅俗，心术坏，手亦随之；于是始复学颜平原。"

王　铎

字觉斯，号嵩樵，河南孟津人。明天启二年（1622）进士，清为礼部尚书，谥文安。书宗魏、晋，名重当代，与董其昌并称。

王时敏

字逊之，号烟客，江南太仓人。锡爵之孙，官至太常，又号西庐老人。工画，为四王之一。隶书追法秦、汉，榜书、八分亦有盛名。

宋　曹

字射陵，江苏盐城人。著《书法约言》。

纪映钟

字伯紫，号憨叟，江南上元人。自称钟山逸老。工诗，善书。

冯　班

字定远，号钝吟，江苏常熟人。著有《钝吟书要》《钝吟杂录》，皆论书之作。

查士标

字二瞻，号梅壑散人。江南海阳人，流寓扬州，明诸生也。与华亭同干支，号后乙卯生。书法精妙，人称为米、董再生。

郑　簠

字汝器，号谷口，江苏上元人。生平搜罗天下之汉碑，不遗余力，家藏古碑四大橱。作八分书，间参以汉人草法，为一时名手。

程　邃

字穆倩，号垢道人，江南新安人。善书画、篆刻，精医术，藏历代碑版及秦汉印章、名画、法书，甚富。分、隶之学以汉为宗。性爱酒，常酒酣起舞，更鸣爆竹以作气；攘袖濡笔，与客谈笑之间，大小数十幅立就。

王馀佑

字介祺，号五公山人，直隶新城人。书法遒逸。其感慨激烈之趣，一发于诗。

万寿祺

字年少，江苏徐州人。明崇祯三年（1630）举人，明亡后，隐居沙门，号慧寿。书法循晋人，兼工篆刻。

吴山涛

字岱观，号塞翁，安徽歙县人。崇祯间举人，官知县。书法飘逸，自成一家。

冯行贤

字补之，江苏常熟人，班之长子。《大瓢偶笔》曰："清秀无俗气，但不知笔法，一以分间布白为主。"

杨思圣

字犹龙，号雪樵，直隶巨鹿人。顺治三年（1646）进士，官四川布政使。世祖留心翰墨，召词臣能书者面给笔札；诏与陈宫詹旷各书数幅，思圣独称旨，赏赐甚丰。

沈　荃

字贞蕤，号绎堂，又号充斋，江苏华亭人。顺治九年（1652）探花，官礼部侍郎，谥文恪。康熙帝尝召置内廷，评论古今书法；凡御制之碑版及殿庭之屏障，必命荃书之。常侍帝作书，见其弊辄纠正之。帝深嘉其忠。后荃子宗敬以编修入直，上命作书，曰："朕初学书于宗敬之父荃，累得指正其失，故至今作书，必勤思不忘也。"

笪重光

字在辛，号江上外史，又称郁冈扫叶道人，江苏丹徒人。顺治九年（1652）游士，官御史。工书、画，风骨棱棱，权贵惮之。与姜西溟、汪退谷、何义门共称四大家。

励杜讷

字近公，直隶静海人。特授编修，官刑部侍郎。谥文恪。

王鸿绪

字季友，号横云山人，江苏华亭人，广心子。康熙三十二年（1693）探花，官户部尚书。

倪 灿

字暗公，号雁园，江苏上元人。康熙十六年（1677）举人，举博学鸿词第二人及第，官检讨。书法、诗格，妙绝一时。

朱彝尊

字锡鬯，号竹垞，又号鸥舫，后称小长芦钓师，浙江秀水人。以布衣举博学鸿词，授检讨。善八分书。深于金、石、考证之学，清初，郑谷口始学汉碑，竹垞出而汉隶之学复兴。

王宏撰

字无异，号山史，陕西华阴人。以博学鸿词荐，不就。工书、能文，精金、石之学，善鉴别法书名画。

陈弈禧

字六谦，又字子文，号香泉，浙江海宁人。官云南南安知府。著《隐绿轩题跋》，刻有《子宁堂帖》《梦墨楼帖》。

姜宸英

字西溟，号湛园，浙江慈溪人。康熙三十六年（1697）探花，官编修；以科场事罢官，卒于狱中。工古文，尤善小楷。圣祖尝目宸英与朱彝尊、严绳孙为三布衣。

汪士铉

字文升，号退谷，江苏吴县人。康熙三十六年（1697）状元，官左中允。工诗、古文，尤善书法，与姜宸英齐名。著有《瘗鹤铭考》。

何 焯

字屺瞻，号义门，江苏长洲人。康熙四十一年（1702）特赐举人，翌年特赐进士，官编修。作书学晋、唐法帖，真、行、草书入能品。

徐用锡

字坛长，号昼堂，江苏宿迁人。康熙四十八年（1709）进士，官侍讲。著《字学札记》。

张　照

字得天，号天瓶居士，江苏华亭人。康熙四十八年（1709）进士，官刑部尚书，谥文敏。刻有《天瓶斋帖》。

王　澍

字若霖，亦字箬林，号虚舟或竹云，江南金坛人。康熙五十一年（1712）进士，官吏部员外郎。著有《虚舟题跋》，尚有《淳化阁帖考正》十二卷、二十种《兰亭》、十二种《千文》及《积书岩帖》六十册。鉴定古碑刻，最为精审。

蒋　衡

字拙存，号湘帆，晚号江南拙老人，又号函潭老布衣；江南金坛人。康熙贡生。小楷之妙，冠绝一时。尝手书十三经，凡八十余万言，阅十二年而成。乾隆时，奉旨刻石列太学，选英山教论，举鸿博，皆不赴。著有《游艺秘录》《拙存堂诗文集》。

郑　燮

字克柔，号板桥，江南兴化人。乾隆元年（1736）进士，官山东知县。《广陵诗事》曰："板桥小楷法极为工整，自谓世人好奇，因于正书中杂以篆、隶，又间参以面法；故波磔之中，往往杂有石文、兰叶。"《墨林今话》曰："书法隶、楷参半，自称'六分半书'，极瘦硬之致。"为人风流潇洒，诗、书、画俱别成一格，古秀绝伦。

丁　敬

字敬身，号钝丁，自称龙泓山人，浙江钱塘。隐居市廛，卖米自给。性好金石文字，尝不避艰险，亲穷绝壁，披荆榛，剥苔藓，手自摹拓石刻。著《武林金石录》。分、隶皆入古，篆法尤为笃好。

金　农

字寿门，又字冬心，号稽留山民，浙江钱塘人，中年后浪迹齐、鲁、燕、赵、秦、晋、楚、粤间，足迹半天下，无所遇而归。晚年寄寓扬州，卖书画以自给。书法出入楷、隶，得力于《国山》及《天发神谶》二碑。嗜奇好古，收金石文千卷。工画梅，间写佛像，自署昔耶居士。举鸿博，不赴。卒年七十余，有《冬心集》。

蒋　骥

字赤霄，湘帆之子。嗣其家学，亦工书法。著有《读书法论》传世。

裘曰修

字叔度，一字漫士，号诺皋，江西新建人。乾隆四年（1739）进士，进工部尚书，谥文达。书法自成一家，帝评其书似宋张樗寮，尝得张所书《华严经》，残缺数页，命足成之。

刘　墉

字崇如，号石庵，山东诸城人。乾隆十六年（1751）进士，官至体仁阁大学士，谥文清。刻有《清爱堂帖》。包世臣《艺舟双揖》云："石庵书少习香光，壮迁坡老，七十以后，潜心北朝碑版；惜精力已衰，未能深造；然学识意兴超然尘外。"《松轩随笔》曰："陈星斋先生尝评论本朝书法：首推何义门，次则姜西溟、赵大鲸。似属偏嗜。以愚见言之，当以王文安、刘文清为最，次则张文敏、陈香泉、汪退谷；然张、陈、汪皆不及王、刘之厚，王犹依傍古人，刘则能自成一体；从古人入，不从古人出。"

梁同书

字元颖，号山舟，九十以后号新吾长翁；诗正之子。乾隆十七年（1752）特赐进士侍讲。作书初法颜、柳，中年用米法，七十后愈臻变化，纯任自然，远方殊域，多以重币来求其书法者。九十一岁时，为无锡孙氏书家庙额作"忠孝传家"四大字，字大方三尺，魄力沉厚，观者叹绝。耄年尚能作蝇头楷书，盖其精力有过人者。

翁方纲

字正三，号覃溪，晚号苏斋。乾隆十七年（1752）进士，官至内阁学士。书法欧阳率更，规矩谨严。晚年好佛，每喜书《金刚经》。长于金石考证之学，所作碑帖题跋甚多。

钱　澧

云南昆明人，字东注，号南园，乾隆间进士。以疏摘和珅，直声振天下。书法遒紧刚健，逼近平原；临摹率更书，亦得其神似。初不为人所重，道光间，何子贞、翁同龢极为推重，遂大显于世。

钱大昕

字及之，又字晓徵，号辛楣，又号竹汀，江苏嘉定人。乾隆十九年（1754）进士，官少詹事。平生著述等身，博于金、石，尤精汉隶。

王文治

字禹卿，号梦楼，江苏丹徒人。乾隆二十五年（1760）探花，官云南姚安府知府。《两般秋雨庵随笔》曰："国朝书刘石庵相国专讲魄力，王梦楼太守则专取风神；故世有'浓墨宰相淡墨探花'之目。"

梁　巘

字闻山，号松齐，安徽亳州人。乾隆二十七年（1762）举人，官四川知县。著《论书笔记》。工书，与钱塘梁学士、会稽梁文定有三梁之目。

姚　鼐

字姬传，安徽桐城人。乾隆二十八年（1763）进士，官礼部郎中。以工古文名于海内。晚年亦善书法，专精大令；作方寸之行、草，跌宕纵逸，时出华亭之外；半寸以内之真书，则洁净而能恣肆，多有自得之趣。

孔继涑

字信夫，号谷园，衍圣公之子。乾隆三十三年（1768）举人，候补中书。嗜好古人墨迹、碑版，鉴别精审。刻《玉虹楼帖》十六卷、《鉴真帖》二十四卷、《摹古帖》二十卷、《国朝名人法书》十二卷、张文敏《瀛海仙班帖》二十卷。

程瑶田

字易田，号易畴，安徽歙县人。乾隆三十五年（1770）举人，官嘉定教谕。究心考据之学，尤精铁笔。书法亦步武晋、唐，为学问盛名所掩，不甚显于世。所著《通艺录》有论笔势一条，最为精审，发前人所未发。

铁　保

字冶亭，号梅庵，满洲正黄旗人，姓觉罗氏，后改栋鄂氏。乾隆三十七年（1772）进士，官至两江总督，道光初以三品卿衔致仕。少有诗名，与法式善、百龄同称三才子。尤工书法，北人论书者以为与刘石庵、翁覃溪鼎足而三。所刻《唯清斋帖》，艺林宝之。

钱　坫

字献之，号十兰，竹汀族子也。乾隆三十九年（1774）举人，官州判。工小篆，不在李阳冰、徐铉之下。晚年右体偏枯，左手作篆，尤为精绝。自负不凡，尝自刻一石章曰："斯、冰之后，直至小生。"

邓石如

字顽伯，号完白山民，本名琰，因避仁宗庙讳，以字行，安徽怀宁人。少好篆刻，客江宁梅氏，纵观秦汉以来金石善本，手自临摹，为时八年；遂工四体书，篆书尤称神品。包世臣著《艺舟双楫》推为清代第一，《息柯杂著》曰："完白真书深入六朝，盖多以篆隶用笔之法行之；故姿媚之中，别饶古趣；近代以来所未有也。"性廉介，成名后往来公卿间，以书、刻自给。好游山水，尝一筇、一笠，肩行李走百里，自号笈游道人。嘉庆中以布衣终。

钱伯垌

字鲁斯，号渔陂，别署仆射山樵，江苏阳湖人。刘文清退隐后，论者推为第一。

阮　元

字伯元，号芸台，晚年号颐性老人，江苏仪征人。乾隆五十年（1785）进士，官至体仁阁大学士。精于经学，所至以提倡学术自任。著述甚富，刻书尤广。亦工书法，精小篆、汉隶。卒谥文达。

伊秉绶

字组似，号墨卿，福建宁化人。乾隆五十四年（1789）进士，官惠州太守，再守扬州。工诗，尤善书法。好蓄古书画。起居言笑，蔼然君子之儒。作隶书如汉、魏人旧迹。

洪亮吉

字稚存，江苏阳湖人。乾隆五十五年（1790）榜眼，官编修，以言事被谪绝域；后赐刀环，号更生居士。以诗文擅名，通经史注疏、说文、地理，尤工篆书。

桂　馥

字未谷，号雩门，别号萧然山外史，山东曲阜人。乾隆五十五年（1790）进士，官知县。学问淹博，尤深于《说文》许氏之学。诗才、隶笔，同时无偶。《松轩随笔》曰："百余年来，论天下之八分书当推桂未谷第一。"《退庵随笔》曰："伊墨卿隶书愈大愈妙，桂未谷则愈小愈妙。"

陈希祖

字稚孙，号玉方，江西新城人。乾隆五十八年（1893）进士，官御史。工书，得董文敏晚年之神髓。识者谓"与张文敏、刘文清鼎足而三"。

江　声

字叔沄，号艮庭，江苏元和人。嘉庆元年（1796）举孝廉方正。平生不作行、楷，往来笔札概作古篆。不肯作俗字，尝曰："许氏《说文》为千古第一部书，除九千三百五十三字外无文字，除《说文》外无学问。"可以知其笃好之深矣。

张廷济

字叔未，浙江海盐县人。嘉庆中举人。屡蹶礼闱，遂结庐高隐，以图书金石自娱。书法米芾，得其神似。草隶独出冠时。所蓄金石碑版甚多。有《清仪阁题跋》。

吴荣光

字伯荣，又字殿垣，号荷屋，广东南海人。嘉庆四年进士，官湖南巡抚。著《帖镜》六卷，专以考证碑帖；详列帖版出土之年、拓印之先后，并详示某刻何字残泐、何处断裂，一目了然。庶不致为帖贾伪作蒙蔽。

陈鸿寿

字子恭，号曼生，浙江钱塘人。嘉庆六年（1801）拔贡，官江苏同知。诗文书画皆以姿胜，篆刻直追秦、汉，浙中人士悉宗之。八分书尤为简古超逸，脱尽恒溪。

包世臣

字慎伯，晚号倦翁，安徽泾县人。嘉庆十二年（1807）举人，官知县。中年之书从欧、颜入手，转及苏、董；后乃肆力北魏，晚年专习二王，遂成绝业。著《艺舟双楫》。

郭尚先

字兰石，福建莆田人。嘉庆十四年（1809）进士，官大理寺卿。以工八分书得名。

程恩泽

字云芬，号春海，安徽歙县人。嘉庆十六年（1811）进士，官户部右侍郎。学识超越流俗，六艺、九流，无所不通。工篆法，熟精许氏学，诗文雄深博雅，金石书画考订尤精审。

张　琦

字宛邻，号翰风，江苏阳湖人。嘉庆十八年（1813）举人，官山东知县。工书古文及分、隶，移汉碑之分法以入真、行，又以北朝之真书敛其气势；蕴藉风流，有当世无比之称。

何绍基

字子贞，晚号蝯叟，湖南道州人。道光进士，官编修。博涉群书，于六经、子、史皆有著述，尤精小学，旁及金石碑版文字。书法具体平原，上溯周秦两汉古篆籀，下至六朝南北碑，皆心摹手追，遍临诸碑，得其精华。于《黑女志》尤有独到之处，故能卓然自成一家，草书尤为一代之冠。

曾国藩

字涤生，湖南湘乡人。道光十八年（1838）进士，官至两江总督。文章功业冠绝一时；书法亦遒劲俊逸，自成一家。早岁临摹欧、柳，晚乃倾注于李北海，谓能合南北以成家。所作有《金陵水师昭忠祠记》等碑。

吴熙载

初名延飏，以字行，后更字让之，江苏仪征人。为包世臣之入室弟子，慎伯而后，东南书家中推为大宗。各体兼长，尤工铁笔。

俞　樾

字荫甫，号曲园居士，浙江德清人。道光二十七年（1847）进士。著述甚富。喜以隶笔作楷书，古雅拙朴；即普通函札亦多作隶书。

赵之谦

会稽人，字㧑叔，号益甫，更号悲盦。咸丰举人，官南城知县。为人狂简放逸，孤愤诋世，嬉笑怒骂皆成文章。作书以北朝为宗，怪诞放肆亦如其人。诸体皆善，石刻尤卓绝一世。

翁同龢

常熟人，字叔平，晚号瓶庵居士，又号松禅。咸丰进士第一，穆宗德宗两朝皆柄朝政，官至协办大学士。书有董、赵意，而参以平原之气魄，足继刘墉。亦善绘事。